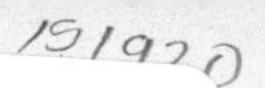

Religiones del mundo

Una introducción indispensable

Gerald R. McDermott

GRUPO NELSON
Una división de Thomas Nelson Publishers
Desde 1798

NASHVILLE DALLAS MÉXICO DF. RÍO DE JANEIRO

Este libro está dedicado a mi excelente amigo y coautor, uno de los mejores oncólogos del mundo, Bill Fintel. Él me ha ayudado a pensar acerca de esto y a escribir este libro y muchos otros.

Publicado en Nashville, Tennessee, Estados Unidos de América. Grupo Nelson, Inc. es una subsidiaria que pertenece completamente a Thomas Nelson, Inc. Grupo Nelson es una marca registrada de Thomas Nelson, Inc. www.gruponelson.com

Título en inglés: *World Religions: An Indispensable Introduction*

Publicado por Thomas Nelson, Inc.

Editora en Jefe: *Graciela Lelli*
Traducción: *Guillermo Serrano*
Diseño y composición del libro en inglés: *Upper Case Textual Services, Lawrence, Massachusetts*
Adaptación del diseño al español: *Grupo Nivel Uno, Inc.*
ISBN: 978-1-60255-883-0

Impreso en Estados Unidos de América

13 14 15 16 17 RRD 9 8 7 6 5 4 3 2 1

Contenido

Reconocimientos

Estoy profundamente agradecido a los siguientes amigos y colegas por leer partes de este manuscrito y darme su opinión experta: Alan Pieratt, Robert Benne, Mark Graham, Bill Fintel, Shang Quanyu, Brian Mahoney, Reginald Shareef, Karl Uotinen, Marwood Larson-Harris, y nuestros buenos amigos del seminario Northampton. Mis estudiantes en la iteración del otoño de 2007 de Teología Cristiana y Religiones Globales hicieron valiosas sugerencias. Estoy agradecido con la clase de adultos de la Escuela Bíblica de Verano de la Iglesia Luterana San Juan en Roanoke, cuyos miembros pusieron mucha atención y me ayudaron a precisar lo que funcionaría o no en una audiencia más amplia. Byron Johnson y el Instituto Baylor para Estudios de Religión me dieron la ayuda fundamental que necesitaba para dedicar una parte del verano a escribir. Karen Harris me asistió en algunos problemas técnicos, como lo ha hecho en otros libros además de darme una valiosa sugerencia. Debo dar también las gracias a mi estudiante asistente Ella Wade por su ayuda en la preparación del manuscrito final. Lo más importante: mi esposa, Jean, como siempre, manejó todo lo relacionado con la casa dejándome el tiempo para pensar bien las cosas para que yo pudiera escribir.

¿Cuándo empezaron las religiones?

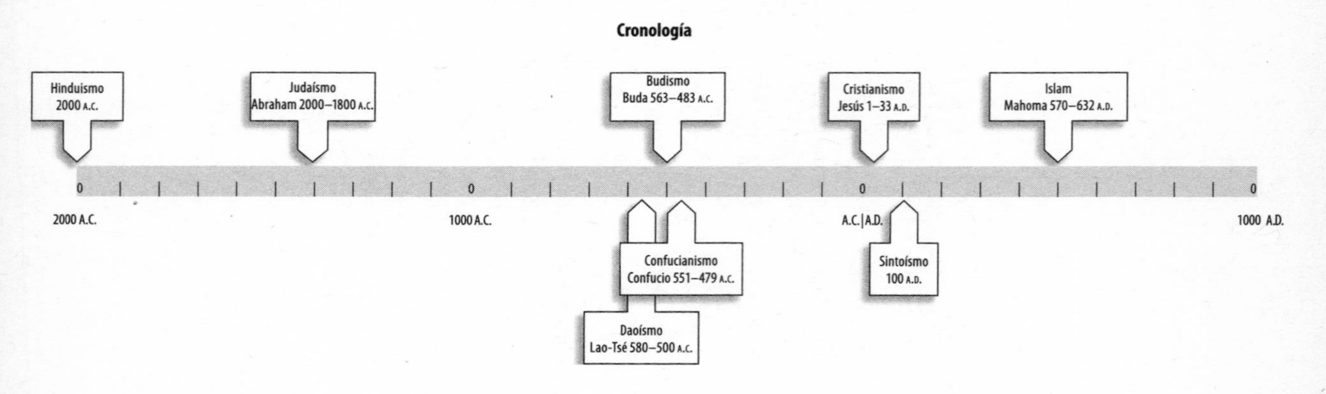

Introducción

¿Por qué estudiar las religiones del mundo?

O, la ignorancia no siempre es una bendición

Déjame adivinar: tú eres un cristiano muy ocupado. Sabes por las noticias, y por tus propios vecinos, que las religiones del mundo están ganando importancia día tras día. También sabes que los cristianos han de compartir las buenas nuevas de Jesús y que en la sociedad pluralista de hoy esto significa a menudo hablar con gente que ya tiene una religión, por lo general una de las principales religiones del mundo. No solo eso, sino que tú estás simplemente interesado en lo que otros creen. Cuanto más profunda sea tu propia fe, más curioso estarás acerca de la fe de los demás. ¿Qué es lo que creen ellos? ¿Y por qué hacen lo que hacen? Pero tú no tienes tiempo para leer un gran libro sobre las religiones del mundo. De todas maneras, tienes miedo de que posiblemente no vas a entenderlo.

Este libro es para ti. Es breve y conciso, y te da una visión general y fácil de entender sobre las creencias más relevantes (y algunas de las prácticas) de los que pertenecen a las seis religiones no cristianas más importantes del mundo: budismo, hinduismo, judaísmo, la combinación confucianismo-daoísmo de la religión china, sintoísmo e islam. Incluso tiene un capítulo sobre el cristianismo, para que tú puedas comprenderlo y explicarlo mejor. Cada capítulo es autónomo, así que si no tienes tiempo ahora para leer los primeros capítulos, pero quieres ir directamente al islam, por ejemplo, puedes hacerlo sin perderte nada importante.

Pero primero, vamos a observar el entorno general del terreno, es decir, el globo. ¿Cuántos creyentes hay de las diversas religiones? Aquí tenemos algunas estadísticas del 2007[1] de dos sobresalientes expertos mundiales sobre estadísticas religiosas, David B. Barrett y Todd M. Johnson:

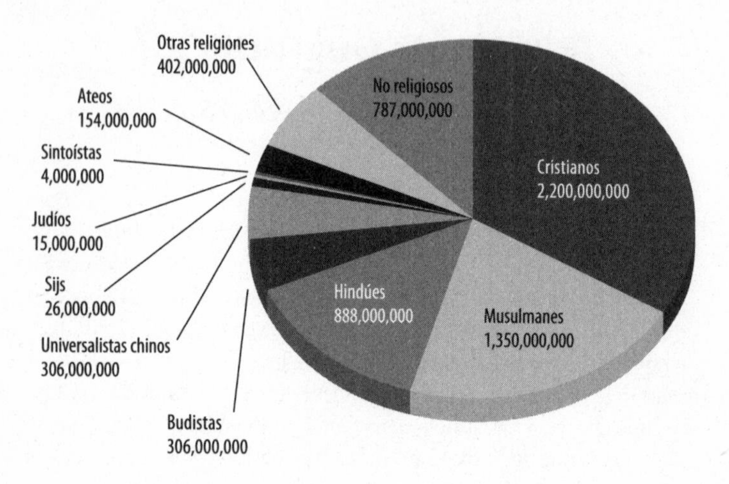

Hay muchas más religiones en el mundo, pero estas son las más reconocibles y algunas de las más importantes. Ten en cuenta estos datos sobresalientes:

1. Los cristianos son exactamente un tercio de la población mundial.

2. Los musulmanes son más de una quinta parte.
3. Esto significa que la mitad del mundo es musulmán y cristiano.

Otro dato de interés es el número relativamente pequeño si combinamos los ateos con los no religiosos (los no religiosos son las personas que dicen: «Yo soy espiritual, pero no creo en la religión organizada»), ellos son 941 millones, o solo el catorce por ciento de la población mundial. Los ateos son un dos por ciento. Ese porcentaje parece disminuir a medida que pasan los años. Esto significa que lo que muchos de nosotros hemos escuchado de nuestros profesores universitarios —que el laicismo va en aumento— era erróneo. Peter Berger, distinguido sociólogo de la Universidad de Boston y uno de los defensores de esa tesis de la secularización, reconoció recientemente: «Nos equivocamos».[2] En otras palabras, la laicidad no va en aumento, es la religión. La fe está ganando terreno en casi todos los continentes (no necesariamente la fe cristiana, sino fe en una de las religiones principales), y es probable que ese siga siendo el caso en las próximas décadas.

El valor de aprender acerca de otras religiones

Quizás estés un poco prejuiciado con la idea de aprender acerca de otras religiones. (Si no es así, puedes saltarte esta sección.) Es posible que te hayan dicho que aprender sobre otras religiones puede afectar la creencia en la tuya. O tal vez pienses que tu tiempo es limitado y que deberías concentrarte únicamente en la Escritura y la teología cristiana. En realidad, tiene gran mérito pasar una gran parte del tiempo de estudio que tengas disponible en estos temas. Pero ten en cuenta las siguientes razones para aprender al menos algunas de las características de otras religiones. Ganarás una mejor comprensión del mundo que te rodea, tendrás más efectividad en tu testimonio, entenderás mejor tu propia fe, te convertirás en un mejor discípulo y trabajarás mejor con los demás.

Aprende acerca de tu mundo

Los recientes ataques terroristas y las guerras en el Medio Oriente y en Afganistán han demostrado que no podemos entender nuestro mundo sin comprender sus religiones. Ponte a pensar sobre todo en el conflicto en Irak, que a partir del 2005 se convirtió en una guerra civil entre sunitas y chiítas. ¿Cómo podemos entender eso sin considerar en qué se diferencian esas dos sectas musulmanas?

En 1978 el presidente Jimmy Carter pidió a la CIA un informe sobre un aliado de Estados Unidos, el Shah de Irán. La CIA aseguró al presidente que no había problemas y que el Trono del Pavo Real era estable. Pocos meses más tarde, el Shah fue expulsado de su trono por la revolución iraní, y el mundo no ha sido el mismo desde entonces. ¿Cómo podría la CIA haber estado tan equivocada? Ellos pensaron que podían entender la política de Irán sin estudiar su religión.

Lo mismo puede decirse de casi cualquier otra parte del mundo: Israel/Palestina (con sus evidentes apuntalamientos judíos, musulmanes y cristianos), la India y sus partidos nacionalistas (arraigados en convicciones hindúes), y la fuerza económica de Asia oriental (inexorablemente conectada con su legado confuciano), para dar solo algunos ejemplos. Para comprender a un pueblo, debemos tener cierto entendimiento de su religión.

Existe una simple razón para todo esto. La gran mayoría de los pueblos del mundo son religiosos, y al nivel más profundo de su ser, su religión es lo que los rige. No podemos ni siquiera comenzar a entenderlos sin saber algo de sus religiones.

Un testigo eficaz

Nosotros los cristianos sabemos que Jesús nos mandó a hacer discípulos de todas las naciones (Mateo 28.18–20). También sabemos que nos mandó a amar a nuestro prójimo como a nosotros mismos (Marcos 12.33) y a seguir la regla de oro (Mateo 7.12), tratando a los demás como nosotros queremos ser tratados.

Me agrada la gente que me trata con sensibilidad y respeto, así debería yo tratar a los demás, sobre todo a aquellos con los que estoy tratando de compartir el evangelio. Por lo tanto, eso significa que debo tratar de entender la religión de mi vecino no cristiano antes de que yo le hable de la mía. Supongamos que mi vecino ya cree en un dios de gracia (como muchos hindúes y budistas lo hacen), y yo supongo que él conoce solo a un dios de ley, y nuestra conversación pone de manifiesto mi falta de entendimiento para con él. En otras palabras, él cree que su dios perdona los pecados por amor puro, pero yo supongo que su dios solo castiga los pecados y no los perdona. No solo voy a fallar en mostrarle la cortesía de mi entendimiento, sino que voy a fracasar miserablemente en mi papel de evangelista. Si yo estudio su religión, quizá me dé cuenta que lo que él desea escuchar en realidad no se refiere a la gracia sino a la historia, si Dios entró o no a la historia alguna vez. Eso hará que mi testimonio sea más eficaz.

Entiende tu propia fe

Muchos cristianos han informado que llegaron a entender mejor su propia fe después de aprender sobre otras religiones. La gracia de Jesús es más real después de estudiar los esquemas orientados a las obras (basados en la idea de que somos salvos solamente si somos suficientemente merecedores de ello) en algunas religiones. La vida real de Jesús en la historia parece ser más significativa después de aprender que las historias del popular salvador hindú (Krishna) son mitológicas. Y las enseñanzas morales cristianas son más creíbles cuando descubrimos que todas las grandes religiones están de acuerdo en los principios morales básicos.

Sé un mejor discípulo

Recuerdo haberme acercado más a Jesucristo mediante la lectura de la descripción de Watchman Nee sobre la unión del creyente con Cristo, en su libro *La vida cristiana normal*. Nee parecía tener un conocimiento más profundo de esa unión que cualquier otro occidental que yo he leído. Años más tarde descubrí que la profundidad desplegada por Nee se debía en parte a haber crecido en China, donde el daoísmo había saturado la cultura con una visión de unicidad personal con lo divino. Por supuesto, la unión daoísta es muy diferente de la unión cristiana, pero los antecedentes culturales de Nee estaban más cercanos al trasfondo cultural de la Biblia en esta cuestión de cómo el individuo se relaciona con otras personas y con Dios. Esto le ayudó a ver algunas realidades del Nuevo Testamento con más claridad que la mayoría de nosotros que hemos sido criados en una cultura impregnada de individualismo. El estudio de otras religiones puede aportarnos tales percepciones y ayudarnos a entender mejor la Biblia, y así seguir más de cerca a nuestro Señor.

Los cristianos también han sido impulsados a un compromiso más profundo con Cristo cuando ven la devoción de otros creyentes a sus señores y sus causas. Por ejemplo, la negativa del Dalai Lama a odiar a los chinos a pesar de las masacres chinas de cientos de miles de budistas tibetanos ha profundizado la determinación de algunos cristianos a imitar el ejemplo de Jesús de amar a sus enemigos.

Trabaja con los demás

Cuando tenemos cierto entendimiento acerca de las creencias de otros, podemos trabajar más eficazmente con ellos para lograr objetivos sociales y morales que tenemos en común. En la Conferencia de las Naciones Unidas sobre Población y Desarrollo de 1995 en El Cairo, una delegación estadounidense estaba trabajando furiosamente para consagrar el aborto a voluntad como un derecho humano universal. Fueron derrotados solo después de que los católicos romanos, dirigidos por el Vaticano, sumaron sus fuerzas a las de los musulmanes convencionales. Los católicos y los musulmanes no están de acuerdo en quién es Dios y cómo llegar a él, pero están de acuerdo en que el aborto es malo y que no es un «derecho» a la par de otros derechos humanos. Si tú estudias las religiones, encontrarás que, aunque la teología cristiana es muy diferente a la de otras religiones, sus enseñanzas morales son similares a las de los demás. Los cristianos podrán desear trabajar con los creyentes de otras tradiciones en el futuro para luchar contra la pobreza, el racismo, el infanticidio, la eutanasia, la clonación humana y la investigación con células madre que crea y destruye embriones humanos. Pero solo podrán hacerlo si tienen una cierta comprensión de lo que creen estos otros creyentes.

Una visión general

¿Estás convencido de que debes aprender sobre las religiones? Si es así, vamos a empezar con el grupo más antiguo (ve el cronograma en las páginas anteriores) de las religiones del mundo, la colección dispar de las creencias y prácticas conocidas colectivamente como hinduismo. Luego nos trasladaremos, en orden cronológico, al judaísmo, budismo, confucianismo y daoísmo, cristianismo, sintoísmo y las nuevas religiones del Japón y, finalmente, al islam. Concluiremos dando respuesta a dos preguntas muy comunes: ¿Podemos o debemos evangelizar a las personas que ya tienen una religión? ¿Podemos aprender de otras religiones?

Por último. Este no es un libro *integral* con algo acerca de *todo* de lo que es religioso. No es un diccionario ni una enciclopedia sobre las religiones del mundo. Tampoco cubre hasta lo último de todas las religiones del mundo ni todos los subconjuntos de las principales creencias. No te ofrece una enorme lista de detalles en cada capítulo. Pero *sí* te ofrece una visión general básica de las religiones más importantes y visibles, las que tú tienes más probabilidades de encontrarte en tu vecindario o en la oficina o mientras viajas alrededor del mundo. En lugar de ofrecerte una abrumadora colección de datos, te ayudará a entender cómo las personas en estas religiones *piensan.* En cada capítulo hay por lo menos un testimonio personal escrito por un creyente en esa religión. El libro también ofrece un esbozo de algunos de los temas más importantes relacionados con estas religiones. Por ejemplo, el capítulo sobre islam tiene lecturas adicionales sobre islam y las mujeres, y sobre islam y la democracia, mientras que el capítulo sobre hinduismo tiene recuadros adicionales sobre Gandhi, el sistema de castas en la India y los dioses más populares. Observa que hay un glosario que define términos desconocidos e identifica a las personas mencionadas en el texto.

Por último, este libro te dará una perspectiva cristiana concisa sobre cada una de estas principales religiones globales, para ayudarte a entender cómo se compara tu fe y cómo debes relacionarte con la gente cuyas creencias son diferentes a las tuyas. Estas son cosas muy importantes que el cristiano debe saber. De esta manera, podrás comprender mejor no solo las demás religiones sino también la tuya.

Las cuatro preguntas

En cada capítulo verás una tabla que contestará cuatro preguntas. Las respuestas a estas preguntas te proporcionarán una vista en miniatura de cada religión o rama de la religión. Por ejemplo, los practicantes del budismo Theravada ven la realidad de una manera diferente a los del budismo Mahayana, y vamos a contestar las cuatro preguntas para cada uno.

1. ¿Cuál es la *preocupación suprema* de esa religión? (Esto significa la meta final que buscan los practicantes.)
2. ¿Cuál es *el punto de vista de lo que es la realidad* de esta religión?
   a. Dios o los dioses (¿Son auténticos? ¿Cómo son ellos? ¿Pueden ayudarnos?)
   b. El ser humano (¿Qué es la naturaleza humana? Por ejemplo, ¿es mala, buena, creada, divina?)
   c. El mundo físico (¿Es real, eterno o creado, bueno o malo?)
3. ¿Cuál es el problema básico del ser humano?
4. ¿Cómo se resuelve el problema básico del ser humano?

1

Hinduismos

El conjunto de religiones más antiguas del mundo

No existe tal cosa como el hinduismo. (Ahora conoces más que el cristiano común y corriente y eso se destacará de inmediato en tu próximo debate teológico.) El término *hinduismo* supone una religión en la cual las partes son coherentes entre sí. Pero tal religión no existe. Eso, sin duda, te sorprenderá, pero considera lo siguiente: la palabra *hinduismo* la acuñaron los británicos como un término comodín para las religiones innumerables y a menudo contradictorias que encontraron en el subcontinente indio.

Digo contradictorias porque, por ejemplo, algunas religiones de la India son teístas (creen en un dios personal) y otras no lo son. Estas últimas piensan que lo divino es un «algo», no Alguien. Este *algo* lo incluye todo y lo contiene todo (esto se denomina panteísmo), pero ciertamente no es una persona que creó el mundo o a quien podemos orar.

Por esa razón yo digo que algunas religiones de la India contradicen a otras. Las religiones teístas de la India contradicen a las panteístas. Y estas se pudieran en realidad denominar ateas, porque sus seguidores no creen en un dios personal que creó el mundo o que nos puede salvar. Ellos son religiosos (tienen una reverencia por el misterio y la esencia espiritual del mundo), pero ateos (no existe un dios personal que creó o controla al mundo).

Ahora bien, la mayoría de los hindúes, probablemente no estarían de acuerdo en que estas diferentes religiones son contradictorias. Ellos dirían que o bien no importa, porque la práctica religiosa es muy relevante, o que lo que parece contradictorio para nosotros es en realidad armonioso al «más alto» nivel de la realidad (explicaré «los niveles de la realidad» dentro de poco.) Algunos hindúes hablan sobre el hinduismo como un viaje en el cual ellos progresan de adorar a un dios a darse cuenta de que el dios no es más que una imagen de la realidad última en donde no hay dioses personales.

Pero volviendo a mi primer punto. En lugar de una religión denominada hinduismo, hay muchas religiones en la India, que a menudo son contradictorias y violentamente conflictivas en sus creencias. Esa es la razón por la cual he titulado este capítulo «Hinduismos: El conjunto de religiones más antiguo del mundo». Un título más apropiado sería «las religiones autóctonas de la India». Digo «autóctonas», porque el cristianismo, islam y budismo (así como otras) son también religiones florecientes en la India, con millones de seguidores allí, pero que fueron fundadas en otros lugares.[1] Este capítulo se centrará en las religiones de la India que consiguieron su arranque en el subcontinente indio.

Existen muchísimas religiones diferentes que se denominan hindúes. De hecho, las escrituras hindúes dicen que hay 330 millones de dioses y por lo menos varias decenas de estos dioses tienen sus propios sistemas de creencias y prácticas. Así es que ¿por dónde empezar?

Creo que la mejor manera de darle algún sentido a esta enorme cantidad de religiones de la India en competencia y conflicto entre ellas es observar dos cosas sobre la vida y la muerte que casi todos los hindúes creen, y después ver los dos grandes conjuntos de religiones de la India (todas denominadas hindúes) que tratan de resolver esas dos cosas.

El yoga

Los devotos de Advaita dicen que el yoga es el proceso por el cual uno llega al conocimiento de Brahman (la esencia impersonal y el espíritu del cosmos.) Otros hindúes utilizan la palabra yoga, sin embargo, para referirse a cualquier programa sistemático de meditación. La mayoría de los eruditos piensan en el yoga como un programa de ocho etapas desarrollado por Patanjali que se inicia con la postura del cuerpo y la respiración como medios para centrarse en la esencia del universo. Entonces, uno debe retraer los sentidos y encerrarse en un ambiente donde el yo individual parece ilusorio, y uno se da cuenta de la realidad final, donde no hay distinciones.

De común acuerdo sobre dos conceptos

La primera cosa en que la mayoría de los hindúes están de acuerdo es en el *samsara.* Esto es más o menos lo que nosotros llamamos la reencarnación. Los hindúes le llaman así a la combinación del *karma* (literalmente, «hechos») y el renacimiento. Esto significa que, después de la muerte, somos juzgados por una ley impersonal del karma, que determina a qué tipo de vida vamos a renacer. Si nuestras obras fueron malas, y por lo tanto tienen un mal karma, nos hará renacer a una vida infeliz como un ser humano o un animal o incluso un insecto. Si nuestra vida fue buena y acumulamos buen karma, entonces vamos a renacer a una vida humana feliz. Samsara es el ciclo sin fin (y también sin principio) de vida, muerte y renacimiento: después de cada vida, morimos y renacemos a una diferente.

Algunas estrellas de cine han dicho a los medios de comunicación que esperan con ansias sus próximos renacimientos, pero en la historia de la India, la mayoría de los hindúes no lo han hecho. Por lo general, la vida no ha sido muy feliz para la mayoría de los hindúes, y la mayoría de ellos sabe que pudieran no tener lo que se necesita para ganar un mejor renacimiento para la próxima vez. Por lo tanto, esa mayoría busca con ahínco la segunda cosa en que la mayoría de ellos está de acuerdo: el *moksha.*

Moksha, en sánscrito, significa «liberación», que en este caso se refiere a la liberación o emancipación de la ley de hierro del samsara. En otras palabras, los hindúes quieren verse libres de la ley de hierro de la vida-muerte-renacimiento. Ellos *no quieren* nacer y renacer por toda una eternidad. Ellos quieren detener la rueda y bajarse del carro, verse libres por fin de la reencarnación. La mayor parte de las diversas variedades de religiones hindúes puede verse como una manera de liberarse del samsara y, por lo tanto, alcanzar el *moksha.*

Cuatro caminos al *moksha*

Hay cuatro avenidas principales para llegar al *moksha* en las religiones hindúes: El camino del conocimiento *(jnana,* el más conocido de los cuales es Advaita Vedanta), el camino de la devoción *(bhakti),* el camino de las obras *(karma),* y el camino de la meditación *(yoga).* Vamos a examinar dos de ellos, porque son los más conocidos y los más ampliamente practicados: el camino del conocimiento y el camino de la devoción. El primero, el camino del conocimiento o Advaita Vedanta, es la tradición más conocida y de mayor prestigio intelectual en el hinduismo; el segundo, el camino de la devoción *(bhakti),* es sin dudas la forma más popular de la religión hindú en la actualidad. Si puedes llegar a tener una idea básica de cómo funcionan estos dos sistemas hindúes, serás capaz de comprender las formas básicas del pensamiento hindú en todo el mundo.

El camino del conocimiento: Advaita Vedanta

Quítate tus anteojos occidentales y prepárate para imaginar una manera de mirar la realidad que es muy diferente a la tuya. Con un poco de paciencia, puedes concebir un mundo tal como lo ven más de mil millones de personas en este planeta (porque algunas de las características de esta filosofía son compartidas por daoístas y budistas).

Este camino hacia el *moksha* se llama el camino del conocimiento porque te promete que puedes escapar del samsara (el ciclo interminable de vida-muerte-renacimiento) si llegas a ver (conocer) la realidad de la manera correcta. Se necesita trabajar mucho para llegar a este conocimiento o esta visión espiritual, pero el resultado será el fin de los renacimientos (reencarnación).

Las castas

Hay miles de niveles dentro del sistema de castas, pero las categorías más básicas son las siguientes:

1. Brahmanes o sacerdotes: en la actualidad estos incluyen los genealogistas, astrólogos y médicos que practican la medicina tradicional.
2. Chatrias: tradicionalmente, los gobernantes y líderes, pero hoy en día son los propietarios de tierras dedicados a la agricultura.
3. Vaisyas: los que guardan los registros oficiales y comerciales, prestamistas, orfebres, comerciantes de granos y aceites vegetales.
4. Shudras: artesanos humildes, trabajadores y sirvientes, incluyendo a carpinteros, herreros, barberos, alfareros y sastres.
5. Dalits (intocables): no es técnicamente una casta en absoluto; otras castas piensan que se van a contaminar por el contacto corporal con los intocables.

La constitución india prohíbe la discriminación sobre la base de castas, pero la mayoría de los hindúes creen que el nacimiento en una casta ha sido determinado por la ley impersonal del karma y el renacimiento. El gobierno indio está aprobando leyes de acción afirmativa para ayudar a los dalit.

El maestro más famoso de este camino fue Shankara (788–820 A.D.), un brahmán (ve el recuadro) sacerdote y filósofo del sur de la India. El sistema Shankara, que se ha convertido en la escuela de filosofía más respetada por los hindúes, se denomina Advaita Vedanta.

Entender lo que significan *Advaita* y *Vedanta* nos ayudará a comprender esta filosofía sumamente importante. *Advaita* es una palabra sánscrita para «no dualidad». Esto significa que no hay dos (ni tres ni más) cosas en la realidad. En otras palabras, en última instancia, solo existe una cosa. Esa única cosa es Brahman, el espíritu impersonal o la esencia del cosmos, y es inmutable. Todo lo que aparece ante nuestros ojos y otros sentidos es, en última instancia, irreal. Solo los ojos que se han abierto espiritualmente pueden ver la realidad subyacente en todas las cosas.

Vedanta significa «fin de los Vedas». Los Vedas son el conjunto original de las escrituras hindúes, el último conjunto de los cuales (el «fin» de ellos) son los Upanishads. Estos escritos, compuestos entre los años 600 y 400 A.C., enseñan que el alma *(atman)* es lo mismo que la esencia del cosmos *(Brahman)*.

Shankara enseñó que, por lo general, nosotros pensamos que todo lo que es real es distinto a otras cosas reales y que siempre está cambiando. Así, por ejemplo, creo que estoy separado de la computadora a la cual ahora estoy mirando, y que tanto la computadora como yo estamos en constante cambio. Pero si yo llegara a alcanzar el conocimiento espiritual, pudiera «ver» que tanto la computadora como yo compartimos una realidad interior que no cambia, y que esta esencia interna es más real que las formas externas que la gente ve cuando nos mira a mí y a mi computadora como dos cosas distintas.

Observa que dije «más real». Por lo general, nosotros los occidentales pensamos en términos de realidad e irrealidad. Yo soy real y el personaje de una película —digamos, Spiderman— es irreal. Pero en la India la gente piensa en términos de *niveles* de lo que es realidad. Ellos indicarían a una pesadilla, en la que un hombre del saco nos está persiguiendo, un sueño que confieso tener de vez en cuando. Cuando estoy soñando esto, mi corazón late más rápido e incluso puedo sudar porque tengo miedo. ¿Es real el hombre del saco? En mi mente, a medida que sueño, ¡es muy real! Es por eso que sudo y mi corazón late más rápido. Pero para mi mente consciente, justo después de despertar y darme cuenta con alivio que fue solo un sueño, el hombre del saco es irreal. Los hindúes dirían que, al menos mientras yo estaba soñando, el hombre del saco era real, pero a un nivel inferior de la realidad.

Nosotros los cristianos podríamos decir que Jesucristo es *más* real de lo que yo soy. Él fue y es el ser humano *plenamente* real, plenamente actualizado. Los cristianos conectados a él también son reales, pero a causa de nuestros pecados y la santificación incompleta, nuestra humanidad es mucho menos real que la suya. En otras palabras, cuando miramos a Jesús, vemos la plena humanidad. Cuando alguien me mira, no ve un hombre pleno porque no soy lo que Dios tiene la firme intención que un ser humano debe ser. Yo no soy tan humano como realmente fue y es Jesús. Los seres humanos están destinados a amar siempre y amar profundamente, y mi amor es esporádico y a menudo superficial. Así es que, en este sentido, también nosotros podemos decir que soy menos real, o en un nivel más bajo de la realidad, que Jesús.

Esta manera cristiana de hablar sobre los niveles de la realidad es diferente a la de los hindúes, pero te puede ayudar a imaginar cómo pueden ellas hablar de esta manera. Por ejemplo, Shankara enseñó que los dioses, los seres humanos y el mundo son reales, pero a un nivel inferior de la realidad de la que está al más alto nivel, Brahman. Cada miembro de estos tres grupos (los dioses, los seres humanos y el[los] mundo[s] físico[s]) existe[n], pero solo de la misma manera que existe el hombre del saco de mi sueño. O de la misma manera que existe un asesinato en una obra de teatro. En el drama en el escenario, realmente hay personas que luchan entre sí, hay un arma del crimen, hay sangre (por lo menos falsa), y hay gritos de dolor. Y la gente en la audiencia realmente siente la emoción y la conmoción y la tristeza, pero solo al nivel de la obra. Ellos saben que en un nivel «superior» (como dirían los hindúes) o en la «vida real» (como dirían los occidentales,) no hubo asesinato.

Así es también para los dioses. Ellos tienen una «cierta» realidad en nuestras vidas aquí y ahora. Pero a fin de cuentas, y vemos la realidad como lo que realmente es, nos daremos cuenta de que no forma parte de lo que es totalmente real.

Ni es este mundo plenamente real. Es como cuando caminamos en el bosque al anochecer y miramos hacia adelante en el camino y vemos algo que se parece mucho a una serpiente. Nos asustamos (si

Los dioses hindúes bhakti

Visnú es el más grande de los dioses bhakti. Se cree que él ha venido a la tierra en nueve ocasiones para enderezar las cosas, cada vez en forma de un animal o un hombre. Estas encarnaciones, llamadas *avatares*, eran como un pez, tortuga, jabalí, hombre-león, enano, héroe de casta alta, Rama, Krishna y Buda.

Los dos *avatares* más importantes (las formas encarnadas) de Visnú fueron como Rama y Krishna. *Krishna* es el héroe de la *Bhagavad-Gita*, la escritura hindú más popular.

Los Hare Krishnas adoran exclusivamente a Krishna como el señor del cosmos.

De cierta manera, existe una trinidad hindú: *Brahma* (que se distingue del Brahman impersonal y de la casta de sacerdotes brahmanes) como creador, *Visnú* como preservador y Shiva como destructor. *Lakshmi*, consorte de Visnú, es la diosa de la riqueza.

Shiva es también llamado el dios de la totalidad que incluye tanto la creación como la destrucción, y está por encima de la distinción entre materia y espíritu. Su esposa o consorte es *Parvati*, que representa lo máximo en la devoción de esposa. Ella ha sido venerada en varias formas, incluso como *Kali*, que se representa con cuatro brazos, un collar de calaveras y un cinturón de brazos cercenados. Su lengua colgante está lista para lamer la sangre. Shiva es adorado dentro de templos que suelen tener un falo de piedra en posición vertical, llamado el *lingam*. La mayoría de los hindúes no consideran esto no de una manera sexual, sino como un símbolo del poder divino. Se dice que representa el poder supremo de Shiva.

Hanuman es el rey mono en el *Ramayana*, una gran epopeya hindú. Él es también un dios de fuerza, lealtad y aprendizaje, y es un símbolo del sirviente en la relación con su amo.

Ganesha es el hijo de Shiva y Parvati con rostro de elefante, adorado como el vencedor de obstáculos al inicio de los ritos y los proyectos.

La diosa *Durga* es venerada especialmente en el oeste de Bengala, como la Guerrera Divina, a menudo cabalgando sobre un tigre o un león. Ella conquista el mal y trae la paz.

eres como yo, ¡que odio las serpientes!) y dejamos de caminar, preguntándonos de qué manera podremos llegar a nuestro destino por otro camino. Cuando nos damos cuenta de que no hay otro camino, e intentamos avanzar lentamente para echar un mejor vistazo, de repente nos sentimos aliviados al descubrir que es solo una cuerda. Llegamos a la conclusión de que la serpiente era solo una ilusión («maya» en sánscrito). Shankara dijo que el ser humano individual e incluso el mundo por sí mismo son también maya. La única cosa que es «auténticamente» real es Brahman, donde no hay distinciones entre una cosa cualquiera y todo lo demás.

El Advaita Vedanta de Shankara

1. La máxima preocupación: el moksha
2. Visión de la realidad:
   a. Los dioses: apariencia: menor nivel de la realidad (como un *sueño* o una obra de teatro)
   b. El ser: tangiblemente real, pero espiritualmente irreal, la única realidad completa es Brahman, que es también el único aspecto real de atman (el ser individual)
   c. El mundo: maya (ilusión)
3. El problema humano básico: la ignorancia de Brahman
   a. Identificamos erróneamente lo finito con lo real
   b. Esto nos mantiene en el samsara
4. Resolución: el conocimiento de Brahman, que viene por la meditación y el ascetismo

¿Difícil de comprender? Algunos hindúes han utilizado la ilustración de una gota de agua que cae del cielo sobre el océano. Mientras que la gota está cayendo, es una gota individual, con características únicas, como ninguna otra gota en el mundo. Tiene un peso, una densidad, una forma, un sabor, un color e incluso un olor únicos, aunque el modo en que cada una de estas características se diferencia de las de otras gotas es infinitamente pequeño. No obstante, es una gota como ninguna otra en el mundo. Por lo tanto, es una gota distinta e individual.

Sin embargo, cuando esa gota llega a la superficie del océano, en menos de un segundo pierde su individualidad. Ya no tiene una forma o un peso o una densidad. Ahora los átomos de esa gota se dispersan por todo el océano. ¿Existe todavía esa gota? Sí y no. No, como una gota con su individualidad. Pero sí, en la medida en que las partículas y moléculas de esa gota todavía están presentes, pero se han fusionado con el propio océano. Ya no hay distinción entre la gota y el océano.

Los hindúes que se adhieren a esta tradición Advaita nos comparan en nuestro ser individual a esa gota, y nuestro futuro en el Brahman al océano un momento después de que la gota golpea la superficie. En Brahman no hay un «yo». Pero en cierta manera que ni tú ni yo (¡ni siquiera Shankara!) podemos entender, «nosotros» todavía tenemos algún grado de existencia, pero no como seres individuales.

Gandhi

Gandhi (1869–1948), un gran líder indio, se formó como abogado en Inglaterra. Conocido como Mahatma (con alma grande), encabezó la lucha por la independencia de la India de Gran Bretaña. Gandhi tomó elementos de las enseñanzas de Jesús y del *Bhagavad Gita* para enseñar *ajimsa*, «no lesionar» en sánscrito.

Gandhi dijo que la violencia es un método para los débiles y que la no violencia exige más valentía. En su batalla contra los británicos, él enseñó a sus seguidores a odiar los actos británicos pero no a los británicos. Ellos debían creer que, incluso si morían en la lucha, la verdad prevalecería. Ajimsa, dijo él, es la verdad detrás de todas las religiones.

Las enseñanzas de Gandhi han dado una mayor importancia a la no violencia en las religiones hindúes.

Los sacerdotes hindúes

Los sacerdotes hindúes tienen funciones diferentes. Algunos mantienen un templo, otros se especializan en bodas, otros son genealogistas o astrólogos o médicos de la medicina tradicional. Por lo general, se les paga por el templo o por ofrendas de libre voluntad.

Resumamos preguntando cómo piensa Shankara que podemos resolver el problema humano básico. ¿Ves? Cada religión dice que este mundo no existe de la forma en que se supone que exista, que el cosmos ha sido de alguna manera estropeado. Esto es lo que quiero dar a entender con «el problema humano básico».

Cada religión también prescribe lo que piensa es la solución al problema humano básico. Voy a explicarlo por Shankara, y por bhakti en las próximas páginas, con respuestas a estas dos preguntas: ¿Cuál es el problema humano básico? ¿Y cómo puede resolverse?

Shankara dijo que el problema humano básico es la ignorancia. Por cierto, la mayoría de las religiones del Lejano Oriente dicen lo mismo, aunque cada una define el objeto de la ignorancia —lo *que* ignoramos— de una manera diferente. Mientras que la mayoría de las religiones hindúes y budistas dicen que el problema humano es intelectual, el cristianismo, el islam y el judaísmo —las religiones, que comenzaron en el Oriente Medio— dicen que el problema humano básico es moral. Permíteme repetirlo para mayor claridad: en el Lejano Oriente se dice que el problema básico es intelectual, mientras que las religiones del Oriente Medio nos dicen que nuestro problema básico es moral.

Mi vida como hindú

Recuerdo, cuando era niño, siguiendo a mis padres a un templo cercano. Yo tomaba parte en los rituales sin entenderlos. Recuerdo que las multitudes y el ruido apagaban mi entusiasmo. No hubo más visitas a los templos por mi propia voluntad.

Años más tarde, me atrajo de nuevo el hinduismo, cuando alguien me mostró cómo las encarnaciones de Visnú coincidían con la teoría de la evolución de Darwin. Del primer avatar de un pez a mitad-hombre mitad-animal a un enano a un hombre con armas. Esto fue más que suficiente para que yo ahondara en las escrituras con una sed de conocimiento.

Después de leer a Joseph Campbell y Carl Jung, empecé a buscar similitudes en las historias, como el diluvio bíblico. Esto se describe en muchas y variadas fuentes en todo el mundo. Mi viaje continúa. Tomo el sendero del bhakti, jñana y yoga. Difícil o no, este triple enfoque funciona para mí. A final de cuentas, creo que este es el mensaje pragmático del hinduismo. Haz lo que funcione para ti.

Dr. Jitendra Desai
Psiquiatra y estudiante de las religiones globales
Salem, Virginia

Según Shankara, ¿qué es lo que ignoramos? La respuesta es Brahman, o la realidad última, que por supuesto no contiene distinciones y por lo tanto es finalmente solo una cosa.

¿Cómo podemos resolver el problema? Por la meditación y el ascetismo (que examinaremos más adelante). Eso significa que debemos meditar sobre la naturaleza de la realidad hasta que finalmente «veamos» que todo es Brahman, incluso el propio individuo (atman). Pero solo vamos a alcanzar esa visión final si combinamos el ascetismo con la meditación. Es entonces cuando nos privamos de los placeres de la carne, como la deliciosa comida y la bebida, una cama blanda, el sexo y el matrimonio, y otros disfrutes sensuales. Los hindúes que buscan a Brahman entran a menudo al bosque para meditar, lugar donde se van a dormir en el suelo y comerán lo más mínimo de alimentos, a menudo ayunando.

Los sijes

Los sijes son más reconocibles por los turbantes que usan los hombres.

Ellos combinan las enseñanzas del bhakti hindú y la mística musulmana (el sufismo). Los sijes son monoteístas que rechazan la idolatría hindú y el sistema de castas. A diferencia de los musulmanes, ellos creen que hubo una nueva revelación después de la finalización del Corán, en particular a su fundador, el gurú Nanak (nacido en el 1469 A.D.). Son conocidos por las cinco *K: Keshas* (pelo sin cortar), *kangha* (un peine para demostrar que no han renunciado al mundo), *Kara* (un brazalete de acero), *kachh* (pantalones cortos para mostrar la limpieza), y *kirpán* (una espada para protección, pero a menudo solo un esbozo grabado en el peine).

Marcas en la frente

En el pasado, las mujeres indias usaban una marca roja en la frente para indicar que estaban comprometidas o casadas. Esa es todavía la costumbre en algunas partes de la India. Pero en general, las mujeres ahora usan estos puntos, casi siempre rojos, en su frente y en su pelo, por razones cosméticas.

Los hombres llevan marcas en la frente para indicar su devoción a una deidad. Los adoradores de Visnú usan dos líneas blancas verticales cruzadas por una raya roja, los devotos de Shiva llevan tres líneas horizontales hechas con cenizas de estiércol de vaca.

El camino de la devoción: bhakti

Ahora que hemos explorado el camino hindú más prestigioso hacia moksha, volvamos al camino más popular. Se llama bhakti, que en sánscrito significa «devoción». Esta vereda es un camino hacia la liberación del samsara (recuerda, este es el interminable ciclo de la reencarnación) por medio del amor y la entrega (devoción) a un dios personal.

Ten en cuenta que uso el adjetivo «personal». Esto se debe a que el camino anterior, Advaita, dice que los dioses no son reales en el nivel más alto de la realidad. Así es que no hay dios personal en absoluto. Brahman no es una persona (que tiene mente, voluntad y emociones) y no es un dios, como tenemos la tendencia de pensarlo, un Alguien que creó el mundo y lo controla y que finalmente terminará con él. No, Brahman es impersonal, es como un «algo» que está detrás del mundo y en el mundo, y es de hecho la única cosa que es inmutable y plenamente real.

Pero los bhaktas (devotos de Bhakti) creen que los dioses existen, y que se encuentran en todos los niveles de la realidad, si es que existen niveles en realidad. (Algunos piensan que hay verdad en Advaita Vedanta, otros no lo creen.) Algunos de los dioses son muy poderosos y en realidad nos pueden salvar del samsara. Ellos hacen esto al perdonar nuestros pecados y eliminando nuestro mal karma, para que podamos vivir con ellos para siempre en uno de sus cielos. Y en lugar de pasar por muchas vidas, tratando de construir un buen karma y deshacerse de un mal karma, ellos (los dioses) van a hacer eso por nosotros después de esta vida, si nos dirigimos a ellos con fe sincera. No es de extrañar que Bhakti sea mucho más popular que Advaita o que cualquier otro camino. Es más fácil (¡con mucho!) y mucho más rápido.

Bhakti hindú

1. Máxima preocupación: el *moksha*
2. Visión de la realidad:
   a. Dioses: reales, pueden salvar, toman diferentes formas
   b. Ser: una forma finita de dios, se conserva la individualidad
   c. Mundo: verdadero (sin niveles), pero no un lugar de esperanza o realización, el cambio es real
3. Problema humano básico: samsara, debido a la ignorancia (de un dios personal) y el karma
4. Resolución: bhakti (amor y entrega) y prasada (gracia divina)
   a. Escuela del mono: gracia y esfuerzo
   b. Escuela del gato: solamente la gracia

Tomemos a Krishna, por ejemplo, que es el más popular de todos los salvadores hindúes, y el personaje principal y portavoz en la más venerada escritura hindú, el *Bhagavad-Gita*. Se dice que Krishna es una encarnación (avatar) de Visnú, que vino al mundo para corregir errores y restaurar la justicia. Si uno de sus devotos le sirve con amor y alabanza, será liberado del samsara y no volverá a nacer sino que entrará en uno de los cielos hermosos de Krishna.

Como se puede ver del párrafo anterior, el bhakti hindú contiene la idea de la encarnación (un dios que viene a la tierra, literalmente «en la carne»). Su dios principal (diferente de su dios más popular, que es Krishna) es Visnú, el dios del orden y la justicia, que desciende de los cielos cada vez que el mal es especialmente malo en la tierra, para arreglar las cosas. Los bhaktas creen que Visnú ha venido a la tierra en varias encarnaciones nueve veces, y vendrá de nuevo al final de los tiempos en una décima encarnación (avatar). Sus encarnaciones previas han sido como pez, tortuga, jabalí, hombre-león, enano, héroe de alta casta, Rama (otro dios), Krishna y Buda.

Ya hemos visto que mientras los seguidores de Advaita no creen en la realidad final de los dioses personales y son, por lo tanto, esencialmente ateos, los *bhaktas* son teístas. Otra diferencia es que los bhaktas creen que el ser humano es real y que retendrá su individualidad, incluso después de la liberación del samsara. No hay disolución de la gota de agua en el océano para los bhaktas, sino que creen que el ser humano es divino; de hecho, un «modo finito» de Dios.

Aun hay otros puntos de diferencia: los bhaktas dicen que el mundo es real y el cambio es real, sin los distintos niveles de la realidad. Pero este mundo no es un

La vaca sagrada

Muchos de los visitantes a la India se asombran por la reverencia que el pueblo tiene por las vacas y su negativa a sacrificarlas, cuando tanta gente tiene hambre. Pero la vaca ha sido sagrada desde la muy temprana historia hindú. En los primeros escritos hindúes, se dice que los dioses «nacieron de las vacas», y las aguas cósmicas eran llamadas «vacas». La vaca es un símbolo de los cielos, la tierra y el habla. La epopeya india *Mahabharata* dice que el asesino de una vaca va a renacer en el infierno durante tantos años como los pelos que hay en su cuerpo. Las vacas están asociadas con la Diosa Madre, que dio la vaca a la humanidad por sus cinco productos: leche, mantequilla, cuajada, estiércol y orina. La vaca es especialmente sagrada para Shiva, formó parte de la historia de Krishna (él era un cuidador de vacas), y es un símbolo de la India como la madre que provee para las necesidades. Gandhi dijo que la vaca representa el vínculo indisoluble entre los humanos y los subhumanos, un ejemplo de la entrega total a los demás.

lugar de esperanza o de realizaciones. Como hemos visto, muchos hindúes son pesimistas acerca de su capacidad para tener una felicidad profunda y duradera en la tierra.

Para el bhakti, el problema humano básico es estar atrapado en el samsara. Lo que nos mantiene atrapados es la combinación de nuestro karma y nuestra ignorancia de un dios personal. La solución del problema es deshacerse del karma practicando el amor, entregarse a un dios personal (bhakti) y obtener la gracia (prasada) de ese dios.

Muchos cristianos han pensado que su fe es la única que enseña la salvación por la gracia. Ahora se puede ver que este no es el caso (aunque el bhakti floreció después que los hindúes entraron en contacto con el cristianismo).

Es interesante que existan dos clases de bhakti, uno enseña la gracia de una manera más radical que el otro. El primero es la escuela del mono (piensa en el monito bebé que se agarra de su madre) que dice que el dios nos dará la gracia solo si cooperamos purificándonos a nosotros mismos. Se podría decir que la escuela del mono enseña la salvación por gracia y por obras.

La escuela del gato (piensa en el gatito que no hace nada mientras la madre lo lleva en sus dientes) nos dice que la salvación por Krishna, digamos (recuerda que hay otros dioses bhakti, tales como Rama), es enteramente por la gracia de Krishna. Cualquier cosa que hagamos para servir y amar a Krishna es también solo por su gracia.

La mayoría de los bhaktas, sin embargo, cree que el esfuerzo humano y el mérito son necesarios. Krishna y los otros dioses esperan para ver quién hace buenos esfuerzos antes de conferir la salvación.

Análisis cristiano

¿Qué podemos decir como cristianos acerca de estas religiones hindúes? Lo primero que podemos decir es que hay similitudes obvias. Los *avatares* son similares a la encarnación cristiana de Jesucristo. Tanto los hindúes como los cristianos dicen que Dios ha venido a la tierra para ayudar y salvar.

También existe la idea de la gracia, lo que técnicamente significa que Dios hace por los seres humanos lo que ellos no pueden hacer por sí mismos.

Creciendo como hindú

Los niños aprenden las tradiciones hindúes en el hogar de sus padres y familiares y, cada vez más, por la televisión y los discos. Los maestros itinerantes también llevan a cabo avivamientos hindúes por los campos.

La ceremonia clave para un niño hindú de las castas brahmán, chatria y vaisya entre las edades de ocho y doce años es la ceremonia de iniciación *upanayama*. Aquí el niño comienza a aprender los Vedas (las escrituras hindúes) de un maestro brahmán y recibe un anillo de hilo sagrado, que llevará para siempre como la marca de un hombre hindú nacido dos veces.

Sin embargo, existen profundas diferencias entre el cristianismo y el hinduismo. Los avatares, como incluso los eruditos hindúes lo reconocen, se basan menos en la realidad histórica que la historia teológica. Muchos hindúes creen las historias al pie de la letra, pero las que son acerca de Krishna (robar mantequilla y tener aventuras amorosas con las vaqueras), por ejemplo, parecen haber sido una conflación de las historias de varios krishnas en la historia real, con elementos sobrenaturales añadidos más tarde. En segundo lugar, hay diez encarnaciones en el hinduismo, a diferencia de la única encarnación de Jesús, que hizo todo lo que era necesario para salvar a los seres humanos por todos los tiempos. Tercero, estos salvadores hindúes son menos que moralmente perfectos, mientras que Jesús era sin pecado.

La gracia cristiana es también diferente de la gracia bhakti. En esta última, la gracia está en el contexto de una ley impersonal del universo (karma), que ni siquiera los dioses pueden cambiar. En la fe cristiana, por otro lado, Jesucristo es el autor de la ley, y él ha cancelado el poder de esa ley sobre nosotros.

Pero más importante, el autoindulgente Krishna perdona los pecados sin costo alguno para sí mismo. Jesucristo, por otro lado, no tenía pecado y nos da la gracia únicamente a través de una expiación infinitamente dolorosa. La gracia le costó todo.

Hay también otras diferencias entre ambas escuelas hindúes y la fe cristiana:

1. *Preocupación fundamental:* Para el hindú, es escapar de la condición humana; para el cristiano es liberarse de la culpa, del pecado y del diablo.
2. *Naturaleza humana:* Para el cristiano es inherente a la criatura y pecaminosa; para los hindúes es divina.
3. *Problema humano:* Es el pecado moral para el cristiano e ignorancia intelectual para el hindú.
4. *Resolución:* Para el cristiano es un acto divino a un costo infinito para Dios; para el hindú es el esfuerzo humano, a veces mezclado con la gracia, sin costo alguno para el dios.

2

Judaísmo

Madre y hermano mayor del cristianismo

Muchos cristianos en Estados Unidos han crecido con sus vecinos, compañeros y amigos judíos, pero su comprensión del judaísmo suele limitarse a la lectura del Antiguo Testamento y la fiesta en diciembre denominada Janucá. Algunos de nosotros hemos aprendido en la escuela dominical que el judaísmo enseña la salvación por las obras. Muchos se preguntan cómo es posible que los judíos no puedan ver que Jesús de Nazaret es el Mesías. En este capítulo veremos que, por lo general, los judíos religiosos no piensan en términos de ser salvados; que incluso cuando lo hacen, no creen que fueron incluidos en el pacto porque se lo merecían, y que ellos piensan que tienen razones bíblicas para rechazar a Jesús como el Mesías.

Pero primero, vamos a echar un vistazo general a los números y los grupos. ¿Cuántos judíos hay? ¿Y en qué grupos están divididos?

Números y grupos

En el 2007 había quince millones de judíos en todo el mundo, con cinco millones en Israel y seis millones y medio en Estados Unidos. De estos últimos, un millón seiscientos mil se encuentran en el Estado de Nueva York, y la gran mayoría de ellos está en la ciudad de Nueva York.

Así es que puedes ver lo pequeño que es este grupo religioso (en comparación con las otras religiones en este libro): seis décimas del uno por ciento del número de cristianos (2,200 millones) y uno por ciento del número de musulmanes (1,360 millones). Pero este siempre ha sido el caso, incluso antes del Holocausto. El número de judíos en el mundo siempre ha sido pequeño en comparación con su abrumadora importancia como pueblo religioso. Digo «abrumadora» porque su religión no solo «inventó» el monoteísmo —al menos después del auge prehistórico del politeísmo— sino que se convirtió en la madre de ambos, cristianismo e islam, las religiones más grandes del mundo. A menudo, el Papa Juan Pablo II se refirió a los judíos como «nuestros hermanos mayores», ya que ellos habían llegado a conocer al verdadero Dios antes que los cristianos lo vieran en Jesucristo.[1]

En Estados Unidos, como en Israel y otros países, los judíos se dividen en dos grupos: religiosos y seculares. Los primeros creen en Dios y perpetúan la tradición judía de varias maneras. Los últimos o bien han rechazado la idea de Dios por completo o, sin dejar de creer en Dios, no creen que la tradición judía es la mejor o la única manera de llegarse a Dios. Sin embargo, se enorgullecen de los logros del pueblo judío, incluyendo su creatividad espiritual.

En Estados Unidos, los judíos religiosos se dividen generalmente en tres movimientos: reformadores, conservadores y ortodoxos. Estas son tres respuestas diferentes a la Ilustración, el movimiento intelectual del siglo XVIII que tendía a rechazar la tradición religiosa y abrazar la tradición secular; y abrazar la razón secular como la guía para la totalidad de la vida, tanto religiosa como secular.

Las diferencias comenzaron en la Alemania del siglo XIX. Los judíos reformadores se acomodaron a la cultura de la Ilustración, reduciendo su religión a lo que ellos pensaban era simple y razonable: el monoteísmo ético (hay un solo Dios y debemos vivir una vida moral). Ellos usaban órganos (un instrumento musical moderno en aquel entonces), oraban y predicaban en alemán (no hebreo), descartaron los chales de oración y las cubiertas para la cabeza, dejaron que los hombres y las mujeres se sentaran juntos (esto era algo nuevo), y eliminaron algunas reglas dietéticas del kosher (ver el recuadro). También rechazaron el sionismo, el movimiento para establecer una patria para los judíos (ver el recuadro).

Los ortodoxos reaccionaron en contra de los reformadores, pensando que estos últimos se habían vendido a la cultura moderna. Ellos oraban por la restauración final de Sión (el antiguo Israel bíblico), consideraban el Antiguo Testamento como la Palabra de Dios (los reformadores pensaban que solo las partes que estaban de acuerdo con los valores de la Ilustración eran inspiradas), usaban solo el hebreo en sus servicios, prohibían la música instrumental en la adoración, separaban a los hombres y las mujeres en la sinagoga, y creían que las mujeres debían cubrir sus cabezas.

Los alimentos kosher

Este término *kosher* proviene de *kashrut* o «correcta» (la comida). Se refiere a un conjunto de restricciones dietéticas que prohíben tales cosas como los animales que no rumian y no tienen la pezuña hendida, las aves carnívoras, los insectos alados, los mariscos (sin escamas y aletas), los animales pequeños que se arrastran y los animales que fallecieron o fueron sacrificados incorrectamente. La carne y la leche no se deben mezclar. Muchas teorías han sido propuestas para explicar el razonamiento para estas normas, tales como una preocupación por la limpieza y la salud, pero en general, se cree que su cumplimiento entrena a los creyentes en la santidad.

El sionismo

El sionismo es un movimiento del siglo XIX dirigido por el periodista austrohúngaro Theodor Herzl (1860–1904) para buscar una patria para los judíos, debido a su persecución desde la época medieval. Su culminación fue la creación del Estado de Israel por Naciones Unidas en 1948.

La cábala

Cábala significa «recepción» o «tradición oral». Se trata de un movimiento que comenzó en el siglo XIII A.D., enseñando tradiciones místicas especiales que se dice son entendidas únicamente por personas con sabiduría secreta. El libro principal es el Zohar, que habla de Dios como el Ser infinito, cuyas diez cualidades emanan como potencias en el mundo físico. Sus partidarios ponen énfasis en la unión mística del individuo con Dios y la vida moral. Algunos enseñan la reencarnación.

Mi mundo de bendiciones

Te doy las gracias, oh Rey viviente y eterno, porque has devuelto mi alma a mi interior con compasión, abundante es tu fidelidad.

Al despertar cada mañana, recito estas palabras. Mis pensamientos no son los planes para el día sino una declaración de agradecimiento a Dios por estar vivo. Es al mismo tiempo consolador e inspirador. Estoy listo para comenzar el día sabiendo que Dios es la esencia de mi existencia.

Estas palabras son parte del sistema de oración de la tradición judía. No solo se me ordena que comience el día con oraciones, mi tradición me dice que haga de cada acto algo sagrado. Ya sea que coma alimentos, vea un hermoso árbol o una flor, huela hierbas aromáticas, o vea un arcoíris, yo digo una bendición especial. Así, el acto más simple o más mundano se convierte en un momento para reconocer las maravillas de los regalos de Dios. No importa lo que yo haga, estoy conectado a Dios y a la conciencia de las muchas bendiciones que doy por sentado.

Este proceso se ha convertido en una parte integral de mi vida y ha añadido una dimensión espiritual a todo lo que hago. Mis acciones se convierten en acciones piadosas. Mis pensamientos se convierten en pensamientos de Dios. Dios se convierte en una presencia constante. Mi mundo de bendiciones hace que mi mundo sea más significativo y sagrado.

Marci Brumberg
Director de Educación en la Sinagoga Beth Israel
Roanoke, Virginia

Los conservadores, podríamos decir, se inclinaban a ambos lados. Algunos los han llamado «modernistas de derechas». Los conservadores creían que el ritual judío era el corazón y el alma del judaísmo, pero simpatizaban con las innovaciones de los reformadores. Por lo tanto, transigieron usando principalmente el hebreo en sus servicios, algo de música instrumental, y dejaron que las personas de distintos sexos se sentaran juntas.

A medida que estos movimientos se desarrollaron y adentraron en el siglo XX, y ahora en el siglo XXI, los grupos reformistas y conservadores han tenido la tendencia a parecerse más y más entre sí, hasta el punto de que en el 2007 ambos movimientos acordaron ordenar como rabinos a los homosexuales sexualmente activos y a las lesbianas. Es por esta y otras razones que muchos observadores dicen que en realidad solo existen dos grupos principales en el judaísmo de hoy: tradicionalistas y modernistas. Tal vez la mejor manera de entender el judaísmo de hoy es ver cómo estos dos campos difieren en ocho ideas judías centrales: la Torá, Dios, la moralidad, la naturaleza humana, Israel, el ritual religioso, el mundo futuro y el Mesías.

Milton Steinberg esbozó estas diferencias más de cincuenta años atrás en su maravilloso libro *Basic Judaism* [El judaísmo básico],[2] pero las líneas divisorias persisten hasta el día de hoy.

> ***La Torá***
>
> La mayoría de las veces cuando los judíos utilizan la palabra *Torá*, se refieren al Pentateuco, los cinco primeros libros de la Biblia (Génesis, Éxodo, Levítico, Números y Deuteronomio). Estos son los libros de Moisés.
>
> *Torá* (en hebreo, «orientación» o «enseñanza») se utiliza también para la totalidad de la enseñanza por y acerca de Dios en el judaísmo. La mayoría de los cristianos se sorprenden al saber que el Tanáj (un acrónimo de las primeras letras de las palabras hebreas para las partes de la Biblia judía: la Torá, los Profetas y los Escritos), y no *Torá*, es la palabra judía para lo que los cristianos llamamos el Antiguo Testamento.

> ***Bar mitzvá, Bat mitzvá y confirmación***
>
> Bar mitzvá es arameo para «hijo del mandamiento», y bat mitzvá es «hija del mandamiento». Por lo general, estos términos se refieren a las ceremonias de mayoría de edad para los niños y niñas judíos en las edades de trece años para los niños y doce años para las niñas. Esta es la edad cuando se dice que los niños son responsables de sus pecados. En la ceremonia el niño o niña lee o canta partes de las Escrituras en hebreo y lidera de otras maneras. Muchas congregaciones reformadas tienen un servicio de confirmación a la edad de dieciocho años, para sugerir que la primera ceremonia debe ser solo el comienzo del estudio de la Torá.

Tradicionalistas y modernistas: las diferencias básicas

La mejor manera de ver cómo difieren estos dos tipos de judíos es mirar a dónde van para encontrar su autoridad. En otras palabras, ¿cómo responden a las preguntas acerca de lo que es verdadero, bueno y hermoso? Los tradicionalistas dicen que por lo general las respuestas se encuentran en la Torá, mientras que los modernistas las buscan en la razón humana y la experiencia. Por ejemplo, para responder a la pregunta, ¿cómo es Dios?, los tradicionalistas dirían que ellos tienen conocimiento de Dios principalmente por la Torá, mientras que los modernistas dirían que, si bien la Torá pudiera tener algunas ideas inspiradas en general acerca de Dios, como la bondad y la justicia de Dios, necesitamos la razón humana y la experiencia para entender lo que significan esas ideas abstractas.

La Torá

Para los tradicionalistas, cada letra y cada palabra de la Torá provienen de Dios, no solo en la Torá y en el resto de la Escritura, sino también en el Talmud, que son los comentarios rabínicos que fueron escritos entre los siglos I y VII A.D. en Babilonia (actual Irak) y Palestina. Los tradicionalistas piensan que incluso los escritos rabínicos después del Talmud son inspirados, pero en un grado decreciente de inspiración. Puesto que la Torá es la Palabra de Dios y la Palabra de Dios es para siempre, el judaísmo nunca debe cambiar, dicen los tradicionalistas. Por lo tanto la idea de que el judaísmo ha evolucionado con el tiempo es una ilusión. La gente puede haber cambiado la ley de Dios, pero la propia ley no ha cambiado ni debe cambiar, porque Dios ha revelado su voluntad a través de la Biblia y la tradición judía, y nuestra tarea como seres humanos es apegarnos a ella, no cambiarla.

Los modernistas, por otro lado, dicen que la Torá es inspirada solo en las partes donde ellos encuentran lo que ellos consideran que es verdad y bondad en ella. ¿Cómo saben que estas partes son buenas y verdaderas? Lo determinan usando la razón moderna y la experiencia. Las mismas autoridades —la razón moderna y la experiencia moderna— también les dicen que la ley de cambios es universal y que, por lo tanto, el judaísmo también debe cambiar con el tiempo. La antigua cultura que nos dio la «revelación» estaba, de hecho, limitada por las costumbres culturales de esos días. Nuestros tiempos modernos son bendecidos con mucho más conocimiento y sabiduría, y debemos utilizar estos conocimientos modernos para filtrar lo que es antiguo y falso y malo de lo que ahora vemos que es bueno y verdadero. Esto significa que el judaísmo tiene que cambiar si quiere seguir siendo verdadero y bueno. La Torá es revelación, pero solo en algunas de sus ideas generales. Muchos de sus detalles no eran del todo inspirados sino producidos por las culturas que haríamos bien en dejar atrás.

Dios

Tanto tradicionalistas como modernistas dicen que Dios es uno, no muchos (contra el politeísmo), y no dos (contra todos los dualismos, como el zoroastrismo o el yin y yang chinos, que implican dos fuerzas iguales que luchan por el dominio del cosmos), ni tres (contra el cristianismo, que los judíos creen enseña tres dioses y por lo tanto es una especie de politeísmo), y no ninguno (contra el ateísmo).

Ambos grupos de judíos también están de acuerdo en que el Dios de la Biblia judía (y por lo tanto, ¡el verdadero Dios!) es muy diferente de lo que las religiones del Antiguo Cercano Oriente (ACO) —Babilonia, Egipto, Asiria y Canaán— decían acerca de lo divino. En otras palabras, el verdadero Dios es Creador (por lo que el mundo no surgió espontáneamente, como algunas religiones del ACO creían), Espíritu (Dios no tiene cuerpo, como la mayoría de las religiones del ACO creía), Dador de la ley (Dios es moral, al contrario de los dioses del ACO, que a menudo hacían cosas inmorales), Guía de la historia (y por lo tanto fuera de la historia, al contrario de los dioses del ACO, que estaban dentro de la historia y poco podían hacer para cambiarla) y Ayuda para la humanidad (utilizando los recursos de este mundo).

En cuanto a los milagros, los tradicionalistas dicen que Dios todavía los produce; los modernistas dicen que Dios ya no los produce, porque eso se opondría a su plan de gobernar al mundo de acuerdo con las leyes de la naturaleza.

¿La salvación? Ambos grupos dicen que la palabra salvación puede estar relacionada con la vida después de la muerte, pero que se refiere principalmente a este mundo cuando se logra la victoria sobre la ignorancia y el egoísmo.

Judíos y musulmanes

¿Por qué hay tanta tensión entre los judíos y los musulmanes? Es imposible responder con certeza, pero los siguientes factores están implicados.

1. Muchos musulmanes creen que los judíos les robaron su primogenitura al borrar el nombre de Ismael y sustituirlo por el de Isaac en el pasaje bíblico donde Dios hace promesas a la descendencia de Abraham (Génesis 21.12). No hay evidencia histórica de esto.
2. El Corán alaba a los judíos por ser justos, temerosos de Dios y humildes (3.113–14; 5.82–85; 7.150; 4.162), pero también dice que son cobardes, codiciosos y traicioneros (2.96; 5.13; 5.64; 17.4). Algunos judíos, alega el Corán, se convirtieron en cerdos y monos (2.65; 5.60–61; 7.166).
3. Muchos musulmanes y árabes cristianos creen que Israel desplazó injustamente a los palestinos de sus tierras en 1948 y continúan oprimiéndolos. Este es un debate permanente entre todos los implicados, baste decir que los israelíes también tienen buenos reclamos sobre la tierra y han sufrido con los ataques palestinos contra sus ciudadanos. La mayoría en ambos lados sufre por los extremistas.
4. El historiador del Oriente Medio Bernard Lewis argumenta que Israel se ha convertido en un sustituto para las protestas musulmanas en contra de sus propios países, donde la democracia es poco frecuente y la ausencia de las libertades civiles les impide ser escuchados.

Ambos grupos coinciden en que Dios es trascendente (separado de este mundo) e inmanente (en el mundo).

El judaísmo

1. Máxima preocupación: la expiación ante Dios (lo que significa la restauración de la comunión)
2. Visión de la realidad:
   a. Dios: Creador, uno, personal, infinito, santo, justo, amoroso, exige la observación de su Torá
   b. Ser: libre de hacer el bien o el mal, la unión de cuerpo y espíritu (no hay alma incorpórea después de la resurrección)
   c. Mundo: una buena creación de un buen Dios
3. Problema humano básico: el pecado, que separa a la gente de Dios
4. Resolución:
   a. La adhesión a la Torá por la voluntad libre, que expía por los pecados, restaura la comunión y trae la recompensa en la vida venidera
   b. El Mesías destruirá el mal y restaurará el bien; los tradicionalistas dicen que el Mesías es un hombre; los modernistas, una edad

La moralidad

Tanto los tradicionalistas como los modernistas hablan sobre una vida de «decencia» que honre a Dios. Están de acuerdo en que los profetas de la Biblia hebrea, con razón, nos enseñaron que una vida de decencia buscará justicia y compasión para todos los seres humanos. Esa vida producirá los mitzvot (mandamientos), que se resumen en los Diez Mandamientos. Ellos prohíben la idolatría (el primer mandamiento), utilizar el nombre de Dios irreverentemente (el segundo: en el intento de tratar el nombre de Dios con reverencia, muchos judíos se niegan a pronunciar el nombre revelado «YHWH» y escribirán «Dios»), deshonrar el Sabbat (el tercero) a los padres (el cuarto), el asesinato (el quinto), el adulterio (el sexto), el robo (el séptimo), la mentira (el octavo), y la codicia por lo que otros tienen (el noveno y el décimo).

Los tradicionalistas creen que la vida moral se enuncia expresamente en los 613 mitzvot de la Torá, mientras que los modernistas creen que los principios generales de justicia y compasión se encuentran a través de la razón moderna y la experiencia.

La naturaleza humana

Tanto los tradicionalistas como los modernistas creen que el ser humano es libre de hacer lo que Dios ordena. Aquí es donde los judíos y los cristianos no están de acuerdo: Los judíos piensan que la voluntad humana es capaz de dominar el pecado si se hace un esfuerzo, mientras que los cristianos creen en el pecado original, lo que significa que la voluntad está desactivada por un egoísmo inherente que mancha todos sus actos. Los judíos insisten en que, aunque nunca seremos perfectos, por medio del arrepentimiento podemos volver a Dios y usar la fuerza de voluntad otorgada por Dios para hacer lo que él nos ha dicho que hagamos. Los cristianos dicen que esto solo puede suceder por la gracia de Cristo.

Israel

Los tradicionalistas dicen que Dios designó a Israel como la nación elegida por los méritos de los Padres (Abraham, Isaac y Jacob), y que Israel (la comunidad de los

Días festivos

Rosh Hashaná: hebreo para «primero del año» o Año Nuevo, se celebra en septiembre u octubre. Es un día de juicio, en el que uno mira a los pecados del año pasado y reflexiona sobre cómo uno debe arrepentirse y hacerlo mejor el próximo año. Se inicia un tiempo de penitencia de diez días.

Yom Kipur: por lo general nueve días después de Rosh Hashaná. Este es el día festivo más importante del año, el Día de la Expiación, cuando uno confiesa sus pecados y ora por el perdón. Este es un día de ayuno y de reuniones en el templo o sinagoga. A menudo, los judíos se visten de blanco para simbolizar la promesa de que sus pecados serán emblanquecidos como la nieve (Isaías 1–18).

Sucot: la fiesta de siete días a partir del quinto día después de Yom Kipur, también llamado Fiesta de los puestos. Marca los cuarenta años que Moisés y su pueblo vagaron por el desierto y vivieron en cabañas o tiendas de campaña. Algunos judíos construyen una cabaña en el patio de su casa y comen la mayor parte de sus comidas o todas ellas allí.

Pascua (Pésaj): cae en marzo o abril y marca el mayor acontecimiento en la historia judía, el éxodo del pueblo de Dios de la esclavitud en Egipto (Éxodo 1–15). Tiene una duración de siete días (ocho fuera de Israel) y se abre la primera noche con una comida séder y el recuento de la historia de cuando el ángel de la muerte *pasó* sobre los hijos de Israel. El pan sin levadura y las hierbas amargas se usan en la comida para conmemorar los acontecimientos del éxodo.

Janucá: en diciembre, también se le llama Fiesta de las Luces. Se celebra la toma del templo y su recuperación de las manos de los griegos sirios por los macabeos en el año 142 A.C. y el milagro de que una pequeña vasija de aceite, usado para dedicar de nuevo el templo, duró por ocho días.

Purim: también llamada Fiesta de las Suertes, se celebra a finales de febrero o principios de marzo para recordar la destrucción que Dios hizo caer sobre Amán, el primer ministro en el período persa (siglo V A.C.), que echó suertes para la masacre de los judíos. Los niños hacen ruido cada vez que el nombre de Amán se menciona en la liturgia.

judíos en todas partes) ahora vive para comunicar la verdad de Dios a las naciones.

Esto no significa, por cierto, que los tradicionalistas piensen que están en la familia de Dios por sus obras. Es más complejo y menos farisaico que eso. Hace algunas décadas, el académico E. P. Sanders mostró que los judíos del primer siglo (piensa sobre todo en los fariseos) no creían que sus buenas obras los hacían miembros del reino de Dios. Al contrario, ellos creían que Dios los había colocado en el «pacto» (la familia de Dios) por la gracia, pero que necesitaban seguir las reglas importantes de la ley para poder *quedarse* dentro. La mayoría de los tradicionalistas, y también algunos modernistas, creen de una manera similar. Dicen que Dios los hizo judíos simplemente por su divina bondad, y ahora que están en el pacto, necesitan asegurarse de que *permanecen* en él por medio de la obediencia a los mandamientos de Dios. Esta fidelidad les asegura una buena perspectiva en la vida venidera.

Los modernistas tienen un punto de vista diferente de su elección. Ellos están de acuerdo en que los Padres (Abraham, Isaac y Jacob) eligieron a Dios y es por eso que Dios los escogió. Pero agregan que si otras naciones eligen a Dios, ellas también serán «elegidas». Ellos están un poco avergonzados por la idea de «una nación elegida», y la interpretan como una llamada universal a todas las naciones a respetar los principios divinos de compasión y justicia.

Prácticas religiosas

Los tradicionalistas creen que todo lo que los judíos han hecho en sus históricas liturgias y prácticas diarias (que han sido desarrolladas por la tradición rabínica) representa la voluntad de Dios en la Torá. Por lo tanto, son escrupulosos incluso en los detalles más pequeños, porque ellos creen que todos provienen de Dios.

Los modernistas, por otro lado, creen que los rituales son puramente dispositivos humanos para hacernos sentir cerca de lo que es bueno y divino. Estos rituales están siempre sujetos a mejoras, pero su inspiración básica pudiera haber sido divina.

El mundo por venir

Ambos grupos creen en la recompensa después de la muerte. La bondad en la tierra será premiada entonces y el mal será castigado. Ambos grupos también afirman la inmortalidad y la resurrección, pero no están de acuerdo en lo que significan estos términos. Los tradicionalistas tienen una concepción más literal, y los modernistas dicen que no podemos saber nada más preciso parte del hecho de que hay vida después de la muerte.

En general, los judíos creen que los cristianos son demasiado presuntuosos acerca de la inmortalidad y la resurrección, y que no podemos adivinar realmente cómo serán los detalles específicos. Todo lo que sabemos es que vamos a sobrevivir a la muerte y que la vida por venir involucrará la resurrección del cuerpo. Sin duda, una razón por la cual los cristianos creen conocer más detalles sobre el mundo por venir es que el Nuevo Testamento enseña mucho más sobre estas cosas que el Antiguo Testamento.

El Mesías

Los tradicionalistas dicen que el Mesías será un hombre, y que ellos deben esperar y orar por la

El Holocausto

El Holocausto es el período comprendido entre 1933 y 1945, cuando los nazis alemanes llevaron a cabo una destrucción sistemática de los judíos en Europa. Se calcula que seis millones de judíos fueron asesinados. La comunidad judía en pequeños pueblos del este de Europa fue destruida, y desde entonces la vida judía se ha centrado en Israel y Estados Unidos. Ningún adulto judío puede pensar en la fe sin evocar el Holocausto. Los judíos no pueden separarlo de la persecución cristiana contra los judíos, que ha existido desde mucho antes de la Edad Media. Los judíos han tratado de darle sentido teológico al Holocausto en una variedad de formas:

1. De alguna manera, Dios lo permitió en su providencia, como permitió las dos primeras destrucciones de Jerusalén en el año 586 A.C. y 70 A.D. Tal vez Auschwitz representa a Israel como el siervo sufriente para traer la redención, como se evidencia en el nacimiento del estado de Israel.
2. El sufrimiento, incluso en una escala tan colosal, es el castigo por el pecado.
3. Eliezer Berkowits, sobreviviente del Holocausto y teólogo: Dios tuvo que permitir tal injusticia, porque él debe permitir la voluntad libre. Quedamos como Job, creyendo en un Dios que sobrepasa todo entendimiento.
4. Emil Fackenheim, filósofo judío: Dios estaba de algún modo presente, pero no debemos entregar a Hitler una victoria póstuma dejando de sobrevivir o de recordar o cayendo en la desesperación.
5. Richard Rubenstein, erudito judío: Dios, como aquel de quien dependemos, está muerto. Dios es un Dios diferente.
6. Elie Wiesel, sobreviviente del Holocausto, novelista eminente y laureado con el premio Nobel: Los seres humanos están abandonados a su suerte. Israel es demasiado conveniente para ser una respuesta al Holocausto. Se nos arroja a un abismo que carece de sentido. Necesitamos un nuevo pacto, porque el viejo se ha roto, pero no por nosotros. La presencia de Dios se encuentra en una lágrima silenciosa y enigmática.

venida de este hombre. Él no será Dios, pero eliminará el mal y establecerá la bondad sobre bases sólidas.

Los modernistas, en cambio, no están buscando a un hombre sino una edad, una edad mesiánica. Pero Dios no es el principal impulsor aquí. Nosotros, los seres humanos, la haremos posible trabajando por nuestros sueños de justicia y de bondad. Dios inspira nuestros sueños, y la Torá nos ayuda a entenderlos, pero van a ser nuestros los esfuerzos los que harán posible esta edad.

Tal vez te estás preguntando por qué los judíos dicen que el Mesías no será Dios. Esto se debe a que los judíos hacen la observación de que las profecías del Antiguo Testamento nunca predicen que el Mesías será Dios. Los cristianos señalan a Isaías 9.6 NVI: «Porque nos ha nacido un niño... y se le darán estos nombres: Consejero admirable, Dios fuerte», pero los judíos traducen esto no como refiriéndose al Mesías, sino a Dios que envió a este niño: «Porque un niño nos es nacido, un hijo nos es dado. Y la autoridad se ha asentado sobre sus hombros. Ha sido nombrado El Dios Poderoso está planeando gracia, el Padre Eterno, un gobernante pacífico» (Sociedad de Publicación Judía Tanáj).

Los cristianos ven a Jesús como Dios, no tanto por las profecías del Antiguo Testamento, sino por lo que ven en la vida de Cristo. Por ejemplo, él afirmó tener autoridad para perdonar los pecados, lo que todos los judíos del primer siglo sabían era prerrogativa de Dios únicamente (Marcos 2.7). Esto, por sí solo, completamente separado de sus milagros, fue la afirmación propia de Jesús en cuanto a la divinidad.

La razón principal por la cual los judíos no creen que Jesús era el Mesías esperado es que él no trajo la paz mundial y la sumisión de las naciones a sí mismo, como el salmista y los profetas dijeron que lo haría (Salmos 2.9; Isaías 9.2–7; 11.1–5, Jeremías 33.14–26; Ezequiel 37.24–28). Por el contrario, sus seguidores provocaron división y conflicto en el Israel del primer siglo, y los representantes del rey más grande, César, lo asesinaron.

Los cristianos responden que hay dos corrientes de la profecía en el *Tanáj* (el Antiguo Testamento) sobre el Mesías. En efecto, una dice que va a traer paz y justicia a todo el mundo, pero hay otra que sugiere que el Mesías será un Siervo sufriente cuyos sufrimientos salvarán al mundo (Salmos 22, 55, 88; Isaías 53.5, 10, 12; ver también Éxodo 32.32, donde Moisés prefigura la disponibilidad de Uno que sufre para salvar a otros). Jesús sufrió y salvó en su primera venida y traerá paz y justicia en todo el mundo en su Segunda Venida.

Jacob Neusner, un erudito judío, publicó el libro *Un rabino habla con Jesús*[3] en el cual dijo que no puede aceptar a Jesús como Mesías debido a que un judío verdadero nunca rechazaría la ley judía, que fue el más grande regalo que Dios dio a su pueblo. Neusner, dice que Jesús cambió la ley y no se centró en la santidad diaria (que es la base de la ley) sino en la salvación de un individuo en la vida por venir.

Los cristianos dicen que Jesús no rechazó la ley bíblica, sino que enseñó el verdadero significado de la ley. De hecho, él tomó muy en serio la ley, como lo muestran estas palabras en el Sermón del Monte:

> No piensen que he venido a anular la ley o los profetas; no he venido a anularlos sino a darles cumplimiento. Les aseguro que mientras existan el cielo y la tierra, ni una letra ni una tilde de la ley desaparecerán hasta que todo se haya cumplido. Todo el que infrinja uno solo de estos mandamientos, por pequeño que sea, y enseñe a otros

El jasidismo

El *jasidismo*, de la palabra hebrea para «pietista», es un movimiento derivado de la masacre de judíos en las Cruzadas y las nuevas matanzas en la Europa oriental del siglo XVII. Sus partidarios repudiaron un anterior ascetismo y adoptaron elementos místicos, incluyendo la cábala, la enseñanza de que la verdadera redención se encuentra en el espíritu interno religioso de cada individuo. El jasidismo otorga una gran importancia al líder espiritual, el tzadik u hombre justo, quien es visto como una escalera entre el cielo y la tierra. Un gran número de judíos jasídicos pereció en el Holocausto, pero el movimiento está reviviendo en Israel y Estados Unidos. Es decididamente ortodoxo, pero tiene una variedad de posiciones sociales, desde la afirmación hasta la negación del mundo y del sionismo al antisionismo.

El Talmud

El Talmud es la colección de escritos de la tradición oral judía y los comentarios sobre esa tradición. Los judíos ortodoxos creen que Dios le dijo a Moisés por vía oral la forma de interpretar y aplicar la ley escrita. Moisés pasó esta tradición oral a los rabinos, quienes la desarrollaron hasta finales del siglo II A.D., cuando fue puesta en forma escrita. Esta fue la Mishná. Luego, durante los próximos tres siglos, los rabinos en Jerusalén y Babilonia comentaron por escrito sobre la Mishná en una serie de libros conocidos como la Guemará. La combinación de la Mishná y la Guemará es el Talmud.

> a hacer lo mismo, será considerado el más pequeño en el reino de los cielos; pero el que los practique y enseñe será considerado grande en el reino de los cielos.
>
> Mateo 5.17–19 NVI

David Gelernter es un científico en computación judío en la Universidad de Yale que también escribe libros muy respetados y artículos sobre teología y política. Reflejando el pensamiento de algunos de sus compañeros judíos, él ha dicho que no puede aceptar la fe cristiana, y las reclamaciones de Jesús al centro de la misma, debido al pacifismo incipiente de Jesús. «Pongan la otra mejilla» y «No resistan al que les haga mal» son enseñanzas que no pueden soportar una resistencia sólida al mal, que esta era de terrorismo exige.

Sin embargo, la mayoría de los cristianos a lo largo de la historia han apoyado la tradición de la guerra justa, que se basa en las enseñanzas del Nuevo Testamento. Ellos creen que hay momentos en que los cristianos pueden y deben entablar guerras para resistir al mal. Ellos miran pasajes tales como Romanos 13.3,4 NVI («la autoridad... No en vano lleva la espada») y dicen que la advertencia de Jesús de no resistir al que les haga mal (Mateo 5.39) fue probablemente una nueva versión del Salmo 37.1 NVI («No te irrites a causa de los impíos») y no es una señal de pacifismo.

Pero incluso si los judíos no están de acuerdo en quién es Jesús, nosotros los cristianos debemos recordar siempre que ellos son nuestros hermanos y hermanas mayores. Sin ellos, no estaríamos aquí. Dios eligió traernos a la fe solo a través de su fe y de uno de sus hijos.

3

Budismo

La religión no cristiana preferida en Occidente

El budismo es popular entre los estudiantes universitarios de hoy. Creo que hay una serie de razones para ello. Una de ellas es que la búsqueda de la verdad del Buda y su voluntad de renunciar al mundo tocan las fibras de los jóvenes buscadores que reconocen el vacío del materialismo. También es atractivo para los que se han decepcionado del cristianismo, por una razón u otra, y quieren algún tipo de alternativa espiritual.

Hechos sobre el terreno

Vamos a empezar, como lo hicimos en el último capítulo, con los números y los lugares. ¿Cuántos budistas hay y dónde viven?

En el 2007 había 386 millones de budistas, o el seis por ciento de la población mundial. Los cálculos del número de budistas en Estados Unidos van de un millón y medio a dos millones, y entre el setenta y cinco y ochenta por ciento de ellos son asiáticos.

Los seguidores de Theravada, que es la escuela del budismo más cercano a las enseñanzas de Gautama Buda, el fundador, están localizados principalmente en el sudeste de Asia: Sri Lanka, Myanmar, Camboya y Tailandia. La escuela Mahayana, que pudo haber comenzado más tarde en China y se hizo más popular, es prevalente en China y Asia oriental (Japón y Corea). El budismo zen se inició en Japón y se ha extendido hacia el oeste, mientras que el budismo tibetano está, por supuesto, centrado en esa tierra montañosa fronteriza con China, pero se ha hecho popular en todo el mundo debido a la atractiva personalidad del Dalai Lama y su enseñanza.

Historia del Buda

Siddhartha Gautama Buda (aproximadamente 448–368 A.C.) se crió en un ambiente lujoso. Él era hijo de un rey en las extensiones montañosas de lo que hoy es Nepal. Como es natural, su padre lo trataba con indulgencia. Pero el entorno de Gautama iba más allá de lo que pudiéramos imaginar. Al parecer, en un intento por proteger a su hijo de las duras realidades de la vida, el padre de Gautama se aseguró que el muchacho nunca viera el sufrimiento y la privación de la vejez, la enfermedad y la muerte. Es difícil imaginar que Gautama pudiera crecer sin nunca haber visto u oído sobre la muerte, pero tal vez un poderoso rey podía mantener a su hijo alejado de tales conocimientos.

En algún momento, cuando Gautama tenía más de veinticinco años, la realidad se abrió paso. En el primero de varios paseos en carro de cuadriga, Gautama vio a un anciano. «¡Oh, no!», exclamó. «¿Quieres decir que algún día voy a sufrir de esa manera?».

Luego, en un segundo viaje en carro, vio a una persona enferma que estaba, obviamente, padeciendo dolores. Esto abrió sus ojos a la omnipresencia del sufrimiento en el mundo. Gautama se angustió profundamente.

Un tercer viaje en carro le trajo la presencia de un cadáver en un cortejo fúnebre. Esto también alarmó a Gautama. «¿Qué? No vivimos para siempre?». El joven se hundió en la desesperación. La vida parecía no contener esperanzas.

Pero entonces, poco después, hubo otra escena que le trajo esperanzas. Esta vez vio una figura caminando en el horizonte vestida con una túnica color azafrán. Probablemente era un sanniasi hindú, un hombre santo que practicaba el ascetismo y la meditación en búsqueda de moksha (liberación del ciclo de la reencarnación).

«¿Quién es ese?», le preguntó a su auriga.

«Oh, él está buscando el camino más allá de la vida y la muerte», le dijeron. Eso significaba que este buscador hindú estaba tratando de alcanzar el estado en el cual él no renacería a otra vida en este mundo sino que se uniría a Brahman, el Absoluto impersonal (ver capítulo 1). Para Gautama, esto significaba que podría haber una manera de evitar el sufrimiento de la vida y la muerte.

Para este tiempo de su vida Gautama se había casado y tuvo un hijo, pero los cuatro encuentros (con la vejez, la enfermedad, la muerte y el camino más allá de la muerte) le hicieron reconsiderar su dirección en la vida. A la edad de veintinueve años decidió que quería seguir el camino del sanniasi que él había visto. Gautama dejó a su esposa e hijo y se adentró en el desierto.

¿Qué significan esos nombres?

1. *Siddharta:* «aquel que ha conseguido su meta».
2. *Gautama:* el nombre del Buda.
3. *Buda:* «el iluminado».
4. *Sakyamuni* (como el Buda es conocido por muchos budistas: «el sabio del clan Sakya».

El decimocuarto Dalai Lama

Dalai Lama significa, literalmente, «gurú [tan grande como el] océano», o más coloquialmente, «maestro espiritual». Muchos (no todos) los budistas tibetanos creen que el actual Dalai Lama, Tenzin Gyatso (1935–), es la reencarnación de un bodhisattva que fue una vez discípulo de Gautama y luego tomó un interés especial en el Tíbet. Ganador del Premio Nobel de la Paz, él es el líder de la escuela Gelug del budismo tibetano, y se piensa que es el lama más alto entre las varias escuelas tibetanas.

En su libro *El arte de la felicidad*[1] el Dalai Lama afirma que la felicidad se puede encontrar entrenando la mente. Podemos hacer cosas tales como amar a nuestros enemigos pensando en lo que tenemos en común con ellos (desear la felicidad, los cuerpos físicos, el nacimiento, la muerte) y sus buenas cualidades. Sufrimos porque creemos ser el centro del mundo. En cambio, debemos ser altruistas y tener compasión, porque estas cualidades nos harán más fuertes y saludables.

Theravada

1. Máxima preocupación: la liberación en el nirvana (fin de la conciencia y la individualidad).
2. Visión de la realidad:
   a. Dioses: existen pero no pueden ayudar
   b. Ser: ninguno; muchas vidas antes del nirvana en muchos cielos e infiernos
   c. Mundo: en permanente cambio; un proceso no una cosa, sin principio ni fin
3. Problema humano básico: el sufrimiento en el samsara debido a la ignorancia de las enseñanzas del Buda
4. Resolución: aceptación de las enseñanzas del Buda y la práctica de sus virtudes y el noble sendero óctuple

Alguna explicación se hace necesaria aquí: en aquel entonces la tradición religiosa era dejar la propia familia para buscar la iluminación, y él dejó a su esposa y su hijo con su familia. Probablemente, ellos creían que esto les daría un buen karma (literalmente «hechos», que ayudaría a producir una reencarnación mejor). Pero también se nos dice que su esposa se enojó con él por haberlos dejado. Esta partida se llama la Gran Renunciación.

Gautama lo hizo todo para seguir lo que las tradiciones hindúes le decían en ese entonces: practicar el ascetismo y la meditación hasta que uno esté iluminado. Él abrazó esta nueva vida de manera tan radical que se vio reducido a piel y huesos. Se nos dice que cuando él ponía su mano sobre su estómago, podía sentir su columna vertebral.

Pero eso no funcionó. La iluminación nunca llegó.

Así es que Gautama decidió que exigiría resultados. Él se sentaba bajo un árbol (más tarde fue conocido como el *bodhi* o de la iluminación) hasta que llegara la revelación.

Él se sentó durante todo el día, la tarde y la noche, hasta que finalmente llegó la iluminación. Durante las horas de la madrugada, se le dio una revelación tras otra. Él vio todas las verdades de la realidad, que enseñaría durante los próximos cincuenta y tantos años hasta su muerte por intoxicación alimentaria. Había luchado por estar libre de todo deseo y así lo logró, después de esta sola noche, el nirvana (literalmente, la «extinción» del deseo).

Las enseñanzas del Buda

Las cuatro nobles verdades

1. Todo es sufrimiento
2. El sufrimiento es provocado por el deseo
3. La manera de librarse del sufrimiento es deshacerse del deseo
4. La manera de deshacerse del deseo es seguir el noble sendero óctuple.

Las tres características de la existencia

1. Impermanencia
2. Sufrimiento
3. El no tener ser

Esa noche, el Buda (ahora podemos utilizar este título, ya que se refiere a su conocimiento iluminado) vio lo que los budistas han llamado desde entonces las cuatro nobles verdades.

Primera noble verdad

La primera noble verdad es que *todo es sufrimiento*. Esto no quiere decir que nos sentimos mal cada minuto del día. Significa algo que los cristianos pueden entender: que en el nivel más profundo, todo en la vida es insatisfactorio. Incluso cuando nos estamos divirtiendo y tenemos éxito, en el fondo sabemos que hay algo que falta, si no hemos encontrado la realidad espiritual.

Segunda noble verdad

La segunda noble verdad es que *la causa del sufrimiento es el deseo*. El Buda dijo que hay tres deseos que los seres humanos sienten: el deseo por el placer sensual, el deseo de llegar a ser alguien reconocido y estimado, y el deseo de no existir o el suicidio. Él reconoció que la mayoría de nosotros no siente el tercer deseo la mayor parte del tiempo.

El Buda dijo que hay una razón por la cual estamos llenos de estos deseos: nuestra ignorancia. Vimos en el primer capítulo que los hindúes también creen que la ignorancia es nuestro principal problema, pero aunque los hindúes creen que somos ignorantes de Brahman o un dios personal, Gautama Buda dijo que somos ignorantes de las tres características de la existencia.

La primera es la *impermanencia*. Esto significa que nada jamás permanece igual, incluso Brahman, que era la filosófica idea hindú de la realidad definitiva. Los hindúes decían que esta es la única realidad inmutable. Pero el Buda rechazó esto. Él dijo que nada es permanente, todo está cambiando constantemente. Esto también significaba que no hay ninguna sustancia que no cambie detrás y dentro de todo lo que hay en el cosmos, por lo que nada tiene una existencia independiente.

Los cristianos pueden estar parcialmente de acuerdo con esto, porque dicen que no existe nada aparte de Dios. No hay nada que exista por sí mismo. Pero el Buda rechazó la idea de un Dios creador que es responsable de todas las cosas. Dijo que hay dioses, pero no son creadores y ciertamente no son redentores, y que ellos necesitan lograr la misma iluminación que tú y yo. Por lo tanto, a todos los efectos prácticos, el Buda era un agnóstico. Él dijo que no sabía si había un Dios supremo, que es lo que significa «agnóstico»: «No sé». En cualquier caso, él no creía en un Dios que creó el mundo y ahora lo controla. Y miraba, no a un dios sino a su propio ser, para cualquier tipo de «salvación».

La segunda característica de la existencia es el *sufrimiento,* que como ya hemos visto es la primera noble verdad. La tercera es que *no existe el* ser. Esto se deduce de la primera característica, que todo es fugaz. Voy a tratar de explicarlo.

Si no existe nada permanente en Juana, digamos, entonces no puede haber cosa alguna que siga siendo lo mismo año tras año, mes tras mes, o incluso de un momento a otro. ¿Puede eso ser así? Bueno, sabemos que nuestros átomos y células están en constante cambio por lo que, a nivel del cuerpo, eso debe ser verdad: no hay nada permanente.

¿Qué pasa con la mente de Juana? Sus pensamientos están en constante cambio, sobre todo a medida que ella experimenta cosas nuevas, lo que ella hace durante sus horas cuando está despierta y cuando está soñando. Si sus experiencias están dándole constantemente nuevas perspectivas, ¿cómo puede su mente permanecer inmutable? ¿Dices tú que sus actitudes básicas son las mismas? Pero, ¿cómo pueden serlo? Si su perspectiva está cambiando constantemente (aunque de una manera mínima) a causa de sus nuevas experiencias, entonces hasta sus actitudes cambian con una perspectiva siempre cambiante. Podrán cambiar muy poco, sin embargo, cambian.

Si la mente de Juana y su cuerpo están en constante cambio, tendríamos que decir lo mismo de sus emociones y su voluntad. A medida que la vida le trae cosas nuevas, buenas y malas, sus sentimientos suben y bajan. Y sus deseos, expresados por medio de su voluntad, también cambiarán a medida que estos sentimientos cambian.

Si la mente, el cuerpo, los sentimientos y la voluntad de Juana cambian continuamente, entonces no puede haber nada en ella que siga siendo lo mismo. ¿Y qué es el ser sino la combinación de la mente, el cuerpo, los sentimientos y la voluntad? Por lo tanto, los budistas dicen que Juana no tiene un ser, por lo menos uno que siga siendo el mismo a través del tiempo.

Por cierto, el Buda dijo que mientras pensemos que tenemos un ser permanente, vamos a estar todavía más apegados a este ser y seremos incapaces de renunciar al deseo, lo que nos mantiene sufriendo y atrapados en el samsara, el interminable ciclo de la reencarnación. Así es que conocer que no tenemos un ser permanente es parte de nuestra liberación. Nos ayuda a deshacernos del deseo, lo que a su vez nos ayuda a alcanzar el nirvana (más sobre esto dentro de poco).

¿Cómo puede haber reencarnación si el ser no existe?

Los budistas dan tres respuestas a esta frecuente pregunta: ¿Cómo puede haber reencarnación si el ser no existe?

1. El Buda no contestó la pregunta, pero sí dijo, según la tradición: «Este es mi último nacimiento». Por lo tanto, él pudo mantener los dos juntos.
2. Los budistas creen tanto en la reencarnación como en la ausencia del ser, y eso es lo importante. Al igual que gran parte de la vida, dos cosas aparentemente incompatibles se juntan porque ambas son verdaderas. Piensa en la naturaleza de la luz que es a la vez una partícula y una onda.
3. Las obras causan la existencia de otra persona. El fuego que se pasa de una antorcha a otra crea un nuevo fuego, y sin embargo, es del fuego original. Así también nuestras obras: hay una «conexión de causa» entre las llamas primera y segunda, pero ahora están separadas, y por lo tanto no hay una llama sola y duradera, de la misma manera que no hay un ser.

El noble sendero óctuple

1. La comprensión correcta
2. El pensamiento correcto
3. El habla correcto
4. La acción correcta
5. La subsistencia correcta
6. El esfuerzo correcto
7. La conciencia correcta
8. La concentración correcta

Tercera noble verdad

Vamos a hacer un balance de lo que hemos aprendido hasta ahora sobre la enseñanza del Buda. Todo es sufrimiento (la primera noble verdad,) la causa del sufrimiento es el deseo (la segunda noble verdad,) que proviene de la ignorancia de las tres características de la existencia. Ahora debemos pasar a la tercera noble verdad: *la forma de deshacerse del sufrimiento es deshacerse del deseo.* La eventual «extinción» del deseo es el nirvana, que es un estado de cesación del sufrimiento que se puede experimentar a un nivel en esta vida y a otro nivel después de la muerte.

El nirvana en esta vida se llama «el nirvana con sobrante», y en la vida venidera es el «nirvana sin sobrante». El «sobrante» se refiere al karma, que son las obras que nos mantienen en este ciclo de reencarnación (samsara). El nirvana en la vida venidera, sin sobrante, no es nada de lo que podamos imaginar. De hecho, el Buda enseñó que en el nirvana no hay deseos, pensamientos o seres. Así es que tenemos que decir que el nirvana es el fin de la existencia humana, tal como la conocemos. Tal vez es como esa gota de agua que describí en el capítulo primero que llega a la superficie del océano y en cuestión de milésimas de segundo ya no existe como una gota individual. Su contenido se ha dispersado y se fusionó con el océano. El «yo» ya no es un ser (por supuesto, ¡de todos modos nunca lo fue!), pero eso no es lo importante para el Buda. Lo importante es que el sufrimiento ya terminó, lo que es la meta de la enseñanza del Buda.

Cuarta noble verdad

La cuarta noble verdad es la siguiente: *la forma de deshacerse del deseo es seguir el noble sendero óctuple.* El primer paso en ese sendero es el *entendimiento correcto.* Esto también significa que existe una comprensión apropiada de las enseñanzas del Buda, como las cuatro nobles verdades y las tres características de la existencia. No creas en cualquiera que te diga algo como lo siguiente: «En el budismo (al contrario que en el cristianismo) no importa lo que crees, todo lo que importa es lo que haces». Se puede ver en este primer paso en el noble sendero óctuple que importa mucho lo que crees. Si no crees lo que el Buda enseñó sobre el sufrimiento y el ser, por ejemplo, no lograrás pasar del punto de partida del budismo.

El segundo paso es el pensamiento correcto, lo que involucra pensar acerca de la verdad (otra vez, las enseñanzas del Buda) y no cómo construir tu propio ser, porque eso solo aumenta el deseo. El tercer paso es el habla correcto, lo que significa no mentir o calumniar o cotilleo. La acción correcta (el cuarto paso) significa seguir los cinco preceptos: no matar, no robar, no pecar sexualmente, no mentir ni consumir alcohol. Voy a explicar alguno de ellos.

No matar significa eso mismo: la privación de la vida, incluso la vida animal, está prohibida. Los budistas coherentes son vegetarianos y pacifistas. Eso no quiere decir que nunca comen carne o luchan en la guerra, al igual que los cristianos no siempre han perdonado a sus enemigos. Pero esos son los ideales.

El pecado sexual significa sexo fuera del matrimonio para los laicos, y cualquier sexo en absoluto para los monjes y monjas budistas. Nótese, por cierto, que la ética budista es muy similar a las normas

Los cinco preceptos

1. No matar
2. No robar
3. No pecar sexualmente
4. No mentir
5. No beber alcohol

Las cuatro virtudes ilimitadas

1. Amabilidad
2. Compasión
3. Alegría vicaria
4. Ecuanimidad

Adoración del Buda Amitabha

Creo que en el oeste más remoto de este mundo miserable hay un mundo donde solo existe la felicidad. Aquí no hay lugar para el sufrimiento. Mientras yo tenga una creencia devota en el Buda de ese mundo y cante con devoción su nombre —el Buda Amitabha— estoy definitivamente encaminado para llegar a ese mundo en mi próxima vida. Por lo tanto, yo canto «Nan Wu Buda Amitabha» cada mañana tan pronto como me levanto, antes y después de las comidas, y cada vez que me encuentro con ambas, las cosas alegres y las cosas tristes. Dondequiera que voy y donde yo esté, siempre que me encuentro con los creyentes en Amitabha, canto el nombre del Buda antes de hablar con uno de esos creyentes. Cada vez que hago una llamada telefónica a un budista, mi primera palabra es el canto de Amitabha. En el día uno y quince de cada mes en el calendario lunar chino, yo quemo incienso y adoro la imagen del Buda en su santuario de mi casa. En esos días canto su nombre por lo menos mil veces.

Un hombre en el noroeste de China

morales cristianas. Esto también es cierto para las otras grandes religiones. Los cristianos se diferencian en la aplicación y la interpretación, pero los mismos principios básicos —en realidad los de los Diez Mandamientos— son enseñados por todas las grandes religiones. Como C. S. Lewis dijo una vez, si tú vas al Museo Británico (que es una biblioteca) para investigar las enseñanzas morales de las grandes civilizaciones, te aburrirás después de tres días, porque todas ellas dicen casi las mismas cosas. Él señaló esto en el apéndice a su libro *La abolición del hombre.*[2]

La acción correcta (el cuarto paso en el noble sendero), también incluye las cuatro virtudes ilimitadas (amabilidad, compasión, alegría solidaria y ecuanimidad). La última virtud significa permanecer en calma, incluso en tiempos de sufrimiento y alegría. Esto, dicen los budistas, solo es posible después de la meditación.

El quinto paso es el *sustento correcto.* Eso significa que algunas ocupaciones son, obviamente, prohibidas para los fieles budistas: la venta de armas, ser carnicero, producir sustancias intoxicantes, por ejemplo.

Los últimos tres pasos (*el esfuerzo correcto, la atención correcta* y *la conciencia correcta*) todos tienen que ver con la meditación, que es la manera por excelencia para el avance espiritual budista.

Theravada

Existen cuatro escuelas principales del budismo: Theravada, Mahayana, Zen y Tibetana. Voy a discutir sobre las dos primeras, que son las más grandes, en las próximas dos secciones (ver recuadros para una breve descripción del budismo zen y el tibetano).

Theravada, que es pali para el «Camino de los Ancianos», tomó la mayor parte de su forma actual antes de la llegada del siglo II A.C., unos dos siglos después de la muerte del Buda. De las cuatro escuelas que acabamos de mencionar, es probablemente la más cercana a la que Gautama enseñó en realidad, según piensan los historiadores.

Su meta principal es la liberación del samsara en el nirvana, el cual, como vimos anteriormente en este capítulo, es el fin de la conciencia y la individualidad. La escuela Theravada piensa que los dioses son reales, pero poco útiles en la búsqueda humana para terminar con el sufrimiento. Dice que el ser humano es irreal, y que vive muchas vidas en muchos cielos e infiernos antes de alcanzar el nirvana, ya que la mayoría de nosotros no somos lo suficientemente espirituales para alcanzar el nirvana antes del final de una sola vida. Y dice que el mundo no es una cosa sino un proceso, sin principio ni fin. Recuerde aquí la enseñanza del Buda que nada es permanente ni puede soportarse por sí solo. Esto también es cierto para el mundo.

De acuerdo con Theravada, el problema humano básico es el sufrimiento en el samsara debido a la ignorancia de las enseñanzas del Buda. Esa ignorancia crea deseo, que a su vez es responsable de nuestro sufrimiento. La resolución de nuestro(s) problema(s) es aceptar lo que el Buda enseñó y practicar sus virtudes y preceptos.

El budismo Zen

Zen es la derivación japonesa de la palabra sánscrita que significa «meditación». Se inició en China, se trasladó a Japón, y utilizan técnicas de meditación para alcanzar el *satori* (la iluminación). El zen resta importancia a la utilización de las escrituras y la filosofía budistas y apunta más a la experiencia directa. El zen enseña que la realidad fundamental está más allá de las palabras y el pensamiento corrientes y por lo tanto utiliza paradojas verbales y la meditación intensa para liberar la mente y ver el más allá. El zen está asociado con las ceremonias del té, el haiku e incluso la esgrima, porque sus seguidores se apoyan en imágenes en lugar de palabras y buscan la naturalidad, no la formalidad.

Los monjes budistas

En los países dominados por el budismo Theravada, el monasterio *(sangha)* es el centro de la vida budista. Los laicos vienen una vez por semana para escuchar la enseñanza y dar ofrendas, incluyendo alimentos para los monjes. Los monjes *(bhikkus)* comen una vez al día, no después del mediodía, a menudo después de caminar en fila india por las calles en silencio y mirando al piso, recogiendo limosnas. Los laicos y laicas consideran que al dar ofrendas están acumulando méritos o buen karma que les ayudarán a lograr un mejor renacimiento en la próxima vida.

Mantras, mudrás y mándalas

1. Los *mantras* son fórmulas o sonidos rituales utilizados para ayudar a concentrarse en la meditación. En el budismo mahayana, se utilizan para invocar a una deidad u obtener protección.
2. Los *mudrás* son gestos utilizados, en conjunto con ciertas posturas, para ayudar a la meditación.
3. Los *mándalas* son diagramas o dibujos, a menudo circulares, que se utilizan en la meditación; algunos budistas los utilizan para visualizar las cualidades del Buda.

Vivir como budista en público y en privado

Públicamente, he tratado de practicar la subsistencia correcta, tratando de adquirir las cualidades virtuosas de la paciencia, empatía, esfuerzo y generosidad. También trato de ser consciente de mis malos hábitos: ser descuidado, egoísta, frustrado y perezoso. La labor que hago en mi trabajo y alrededor de mi casa ofrece abundantes oportunidades para examinar el fruto de mis acciones, actitudes y conocimientos. ¿Estoy concentrado o distraído? ¿Terminé por completo mis tareas? ¿Es mi energía ligera y eficaz o está empantanada por las excusas? Debido a que el éxito y el fracaso tienen su propio impulso, usualmente me concentro en cómo transformar mis defectos en una semana típica.

En privado, canto mantras y medito porque han demostrado ser útiles para proteger mi mente y mi corazón de las tendencias innatas a caer en una espiral negativa cuando las emociones suben y la confusión parece reinar. Yo leo y estudio los consejos de maestros como el Dalai Lama, ya que ofrecen soluciones prácticas a los antiguos problemas cotidianos de la humanidad.

Creo que todas las personas que encontramos tienen algo valioso que enseñarnos. Esto es especialmente cierto con respecto a mi mejor amiga y esposa, Sharon. Como portavoz natural de la verdad (dharma) y el amor (*maitri*), ella me anima a diario para ser el mejor hombre que yo pueda ser y un mejor ejemplo de alguien que ha estudiado el budismo durante treinta años. Debido a que la transformación es posible, en un instante, en cualquier momento, mi tiempo con ella ha sido y es más atesorado.

Jackson Metcalf
Esposo, padrastro, papá,
pastor de cabras, jardinero, maestro de yoga,
asistente de fisioterapia
Salem, Virginia

Algunos se han preguntado cómo puede ser esta una religión, porque no tiene las características de lo que la mayoría de nosotros piensa cuando escuchamos la palabra *religión*. No hay adoración, porque no hay dios que nos hizo o hizo el mundo o que nos va a salvar. Tampoco hay oraciones, alabanza, perdón o cielo. El juicio y el destino final en un infierno están ausentes. El Buda siempre guardó silencio sobre la vida futura, excepto para decir lo que no es: no es un lugar de seres, conciencia o deseos.

Pero en otro sentido, esta es una religión. Es una forma completa de pensamiento y prácticas que responde a (o al menos lucha con) las cuestiones más importantes en la vida: ¿Quiénes o qué somos? ¿De dónde venimos? ¿Hacia dónde vamos? ¿Cómo debemos vivir?

> **Budismo tibetano**
>
> Aunque Theravada dice que no hay budas viviendo hoy, y Mahayana dice que no hay budas ahora en la tierra, excepto en otras dimensiones, los tibetanos hacen hincapié en la experiencia de verdaderos budas que moran entre nosotros. Por ejemplo, ellos creen que Padma Sambhava, uno de los primeros budas que vivió en la misma época que Gautama, visitó el Tíbet en el duodécimo siglo de su vida y que sigue vivo en un paraíso escondido cerca de Madagascar. El budismo tibetano hace hincapié en el uso de un mentor o *lama*. El propósito de la vida, dice, es trascender la egocéntrica vida animal para convertirse en un Buda y compartir con un número infinito de otros budas.
>
> El gobierno chino ha matado a un millón de tibetanos y destruido todos menos trece de sus 6,267 monasterios. Algunos tibetanos creen que esta es una señal de que la edad de oro está cerca. Muchos (no todos) los budistas tibetanos creen que el actual Dalai Lama es la reencarnación de un bodhisattva (sánscrito para «un ser para la iluminación») que una vez fue discípulo de Gautama y luego tomó un interés especial en el Tíbet.

En este sentido, por supuesto, incluso el ateísmo es una religión, pues también responde a estas preguntas.

Esto te puede parecer extraño, llamar al ateísmo y a este tipo de budismo «religiones», cuando sus seguidores no creen en Dios. Pero sí ayuda a explicar cómo los Theravadas (y otros) budistas pueden sentirse religiosos y mirar hacia la realidad con reverencia sin creer en un dios personal.

Mahayana

Las primeras *Sutras* (escrituras del budismo Mahayana (sánscrito para «Gran Vehículo», lo que sugiere que lleva muchas más almas que su rival Theravada) fueron escritas entre los siglos I y VIII A.D. En ellas se pueden ver desviaciones distintivas de las posiciones del Theravada. Aquí están las diferencias más importantes.

1. *Universalismo.* Mientras que en Theravada los hombres monjes han sido los únicos considerados lo suficientemente espirituales para alcanzar el nirvana, el Mahayana promete la posibilidad de liberación para todos.
2. *Rápido y fácil.* En Theravada la liberación toma muchas vidas (en el samsara, el proceso de la reencarnación), pero Mahayana promete la liberación después de solo una vida. Y no requiere largas y rigurosas meditaciones. En algunas escuelas del Mahayana, si tú simplemente miras al Buda con fe sincera una vez durante tu vida,

escaparás del samsara después de la muerte. No es de extrañar que Mahayana sea el segmento más grande y popular del budismo.

3. *Buda como dios.* Mientras que Theravada enseña que el Buda era solo un hombre, Mahayana habla sobre el Buda divino, y resta importancia al Gautama histórico.
4. *Muchos budas.* Theravada se centra en el Buda único de la historia, Gautama. Pero los Mahayanistas hablan de un número infinito de budas. Y los maestros Mahayana también dicen que cada uno de nosotros tenemos una naturaleza de Buda latente, por lo que todos somos budas no realizados.
5. *Gracia.* La figura ideal de Mahayana es el bodhisattva que se encontraba en camino a la condición de ser Buda, pero se detuvo para ayudar a los que aún eran ignorantes y estaban sufriendo en el samsara. Se dice que el bodhisattva tiene un pie en nuestro mundo y uno en el nirvana. Él mantiene un pie aquí para impartir gracia a los que la necesiten. Uno de los bodhisattvas más importantes es Amitabha (en Japón, Amida), que en el pasado distante dijo que traería a su Tierra Pura a todos los que invocarían con fe su nombre. Él perdona sus pecados a causa de su fe, y los salva de más vidas en el samsara. En sentido estricto, sin embargo, estos bodhisattvas ya son budas.
6. *Niveles de verdad.* Al igual que Shankara (ver el primer capítulo sobre hinduismos), los budistas Mahayana hablan sobre los niveles de realidad y verdad. El Buda terrenal, Gautama, está en el nivel más bajo. Por encima de ese nivel están los cielos paradisíacos que están llenos de budas y bodhisattvas. Cada uno de estos últimos es una forma corporal de lo que ellos llaman «absoluta naturaleza de Buda». Luego, al más alto nivel está la naturaleza última de la realidad, que es el nirvana. Esta no es dual, lo que significa que no hay diferencias en la misma. Todo es uno. Nada separa el todo de todo lo demás. No hay individuos aquí. Lo que nosotros pensamos es el ser humano que se pierde en el océano de la Unidad final, como la gota de agua que llega a la superficie del océano.

Análisis cristiano

Creo que puedes ver que Jesús y el Buda fueron muy diferentes. La diferencia más importante es que el Buda no creía en un Dios como lo conocemos (Buda era agnóstico en eso) y, ciertamente, no conocía al Dios trino. Las tradiciones Mahayana posteriores llegaron a creer en deidades conocidas como budas y bodhisattvas, pero Gautama Buda dijo que él no era más que un hombre y que no hay ningún creador o ser divino que nos pueda ayudar a alcanzar nuestras metas espirituales. Esta es la razón por la cual Sakyamuni, como el buda original es conocido por muchos budistas, dijo que vamos a ser lámparas para nosotros mismos. Por el contrario, Jesús dijo que él era la luz del mundo.

Mahayana

1. Máxima preocupación: el renacimiento en un cielo (como la Tierra Pura del Buda Amitabha) o convertirse en un Buda
2. Visión de la realidad:
   a. Dioses: muchos bodhisattvas y budas
   b. Ser: ninguno, en teoría, pero sí en la práctica
   c. Mundo: fugaz, o (para algunos filósofos mahayanistas) irreal
3. Problema humano básico: el sufrimiento en el samsara debido a la ignorancia sobre un buda (como Amitabha) o sobre la absoluta naturaleza del Buda
4. Resolución
   a. La escuela Tierra Pura: clamar con fe al Buda Amitabha
   b. Otras escuelas filosóficas: desconectarse de todas las teorías o meditar con el convencimiento de que todo lo que existe es, en última instancia, puro pensamiento.

Los cristianos decimos que no estamos por nuestra cuenta, como el Buda sugirió, sino que podemos pedir la gracia de Jesús para que haga por nosotros lo que nosotros no podemos hacer. Mientras que Jesús hizo hincapié en la corrupción moral como el centro del problema humano básico (Marcos 7.20–23), el Buda dijo que el deseo —por la gratificación de nuestros sentidos y nuestro ego— es la raíz de todo sufrimiento. Con amor uno puede convertirse en un bodhisattva, pero solo el conocimiento le permite a uno convertirse en un Buda. Quizás el resultado es que las representaciones budistas y cristianas del ideal espiritual son curiosamente distintas: los budistas miran a un Buda sonriente sentado en una flor de loto, mientras que los cristianos adoran a un Jesús sufriente clavado en una cruz. El Buda enseñó a sus seguidores a escapar del sufrimiento, mientras que Jesús mostró una forma de conquistar el sufrimiento abrazándolo.

Aunque las éticas budistas y las cristianas están de acuerdo en los principios importantes (que el robo, la mentira, el asesinato de vidas inocentes y la mala conducta sexual son cosas erróneas, y que la compasión y la conmiseración son imprescindibles), difieren en la relación de la ética con la realidad definitiva. Para Gautama Buda y los seguidores del Theravada, la vida ética es una balsa provisional que nos lleva a la otra orilla del nirvana para ser después descartada, porque en el nirvana ya no existen las diferencias entre el bien y el mal. Pero para los cristianos, la distinción entre el bien y el mal es parte de la estructura de la realidad y persistirá hasta la eternidad.

Las diferencias éticas se extienden las relaciones entre los sexos. A principios del budismo, en particular, encontramos la idea de que uno puede convertirse en un Buda solo si renace en la forma de un hombre. No fue sino hasta mucho más tarde que los mahayanistas aceptaron a las bodhisattvas femeninas. Hoy, los monasterios budistas dominan la vida de los Theravadas, pero la mayoría de las órdenes de monjas desaparecieron hace siglos. Si bien la historia del cristianismo contiene gran cantidad de sexismo, Jesús nunca demonizó a las mujeres o la sexualidad. Cuando se compara con la estructura rígida del monacato budista, que se encuentra al centro del Theravada, el círculo de discípulos de Jesús parece casual y libre.

Los budistas y los cristianos miran la ética de una manera diferente, debido en gran parte a que ellos consideran la historia de maneras radicalmente diferentes. Los budistas leen en el *Dhammapada* (una escritura budista) que «no hay miseria como la existencia física» (15.6). La existencia terrenal es necesariamente un valle de lágrimas, porque mientras uno permanece en el interminable ciclo de vida, muerte y renacimiento, el sufrimiento es inevitable. El deseo, que la vida en este mundo produce, siempre trae sufrimiento. Se nos dice que solo podemos escapar del sufrimiento si nos escapamos de este ciclo agotador del renacimiento. Así es que tenemos que romper nuestros lazos con este mundo y sus rutinas, sobre todo la vida familiar y la sexualidad.

Jesús, sin embargo, nunca emitió palabras duras sobre la relación sexual. Él anunció una salvación que viene, no por renunciar a la vida en el mundo, sino por una confianza que se vive en un compromiso amoroso en medio de las rutinas cotidianas de la vida mundana. Según él, el matrimonio no es un impedimento para la espiritualidad sino un ambiente ordinario en el cual se vive la salvación. La abstinencia de la vida familiar y la sexualidad es una opción, pero no es un sendero más sublime para la élite espiritual.

Al mismo tiempo, debo decir que este contraste no se debe establecer con mucha exactitud. El monacato cristiano ha sido a veces tan negador del mundo como su homólogo budista. Comenzando con el apóstol Pablo (1 Corintios 7), han habido muchos cristianos que han concluido que la mejor manera de encontrar a Dios era apartarse de la familia y la sexualidad. Y mientras que el monacato ha sido más integral del Theravada que del cristianismo, Jesús mismo eligió no casarse ni considerar a la familia como el centro de la vida espiritual (Mateo 10.37; 12.49–50), y la gran mayoría de los budistas disfrutan a plenitud la vida conyugal y la participación en el mundo secular.

Gracia en la Tierra Pura japonesa

La escuela japonesa de la Tierra Pura del budismo Mahayana contiene un ejemplo extraordinario de gracia fuera del cristianismo. Shinran (1173–1262), fundador del Jodo Shinshu (Secta Verdadera de la Tierra Pura), rechazó todas las «formas de esfuerzo» en la búsqueda de la salvación y predicó que debemos confiar en «el poder del otro», que para él era el Buda Amida, que traería a su Tierra Pura a todos los que tienen fe en su poder. La convicción de Shinran del pecado subyacente en todos los seres humanos es una reminiscencia de Pablo o San Agustín:

> En su exterior todos los hombres parecen ser diligentes y habladores de la verdad,
> Pero en sus almas están la codicia y la ira y el engaño injusto.
> Y en su carne triunfan la mentira y la astucia.

Su desesperación por la corrupción interior hasta su rectitud exterior parece ser una traducción asiática de Isaías:

Incluso mis buenas obras, cuando se mezclan con este veneno, deben ser llamadas actos de engaño... Yo, cuya mente está llena de astucia y de engaño como el veneno de los reptiles, soy incapaz de practicar las buenas obras.

Y su esperanza en la misericordia divina se lee como una línea de Martín Lutero:

> No hay misericordia en mi alma. El bien de mi prójimo no es apreciado por mis ojos.
> Si no fuera por el Arca de la Misericordia,
> la promesa divina de la Sabiduría Infinita,
> ¿cómo debo cruzar el Océano de Desgracias?[3]

Existe una última diferencia entre el budismo y el cristianismo, y una de las más importantes: la esperanza. Si estás siguiendo las enseñanzas del Buda original, Siddhartha Gautama, tienes poca o ninguna esperanza para la vida después de la muerte. Claro, puedes esperar por el nirvana, pero este es un ámbito en el que «tú» ya no eres «tú». No hay allí un ser individual que pueda disfrutar de la liberación del sufrimiento.

Sin embargo, Jesús nos da la promesa de vida eterna como un ser individual unido a él y al Padre y al Espíritu, en comunión con los millones y quizá miles de millones de otros santos, no solo familiares y amigos sino también las grandes almas a lo largo de la historia. Y esa comunión, con alegría y aprendizaje, seguirá por toda la eternidad, porque hay un número infinito de cosas y personas que podremos ver y disfrutar.

El contraste es más que enorme.

4

Confucianismo y daoísmo

Dos de las tres religiones de la nación más grande

Muy a menudo, los estudiosos hacen referencia a las «tres religiones de China», con lo que quieren indicar confucianismo, daoísmo y budismo. Esto no quiere decir que haya tres grupos de chinos, con cada grupo siguiendo una de las tres religiones. No, los chinos tienden a no ser exclusivos en sus religiones, lo cual significa que por lo general no se adhieren a una y solo una. La mayoría de los chinos tiene alguna devoción a estas tres religiones. Así es que, en realidad, para ellos estas no son tanto tres religiones diferentes sino tres elementos de un conjunto religioso.

Se ha comentado que para el misticismo (experimentar el ámbito divino directamente) los chinos van al daoísmo, para cuestiones morales van al confucianismo y para necesidades después de la muerte van al budismo. Hay otro elemento en la vida religiosa de la mayoría de los chinos que no pertenece a ninguna de las «tres grandes», pero que es, sin embargo, importante, es el espiritismo, dar reverencia a los espíritus de sus antepasados. Dado que no se encuentra entre las principales religiones del mundo, no vamos a analizarlo profundamente. Para más información sobre este tema, pueden consultar *Christianity and Chinese Religions* (Cristianismo y las religiones chinas) por Hans Küng y Julia Ching.

También se podría decir que muchos chinos usan el sombrero del confucianismo para la vida cotidiana, los hábitos daoístas para las ceremonias religiosas y las sandalias budistas para adentrarse en la próxima vida. Un estudioso ha escrito: «el daoísmo es el estado de ánimo juguetón de los chinos, el confucianismo es su estado de ánimo de trabajo y el budismo es su estado de ánimo escatológico [que trata sobre el fin de la vida]».

Por supuesto, las religiones de los chinos no son tan sencillas. Además de aquellos que siguen el confucianismo, el daoísmo y el budismo, hay de 40 a 55 millones de cristianos chinos y por lo menos de 13 a 26 millones de musulmanes en China. (¡De hecho, China puede tener más cristianos practicantes que cualquier otro país en el mundo!) Pero el hecho es que en este país más poblado del mundo (1.3 mil millones de habitantes en julio del 2010),[1] la mayoría afirma su adherencia a las tres religiones: confucianismo, taoísmo y budismo, mezcladas con una buena porción de reverencia/adoración de los antepasados.

En el capítulo anterior examinamos el budismo, por lo que no es necesario decir nada más aquí sobre ese pedazo del pastel religioso chino. El resto de este capítulo se centrará en confucianismo y daoísmo.

El confucianismo

Confucio (Maestro Kong, como lo llamaban los chinos) nació en el año 551 A.C., en lo que hoy es la provincia de Shantung en el norte de China, al otro lado del Mar Amarillo desde Corea. Sus antepasados habían sido hombres de importancia en la política y la literatura. Su padre, que era un soldado distinguido, murió cuando Confucio tenía tres años.

En el primer período de su carrera Confucio era un maestro muy conocido en ritos chinos y en el arte de gobernar. Se dice que muchos jóvenes habrían venido a estudiar con él. Su servicio público no comenzó hasta que él tenía cincuenta años. Dos años después, fue nombrado Ministro de Justicia en el estado de Chengdu, donde mejoró las costumbres y la moral, fortaleciendo la mano de su líder. Cuando este líder rechazó el consejo de Confucio de no aceptar una oferta de caballos y jóvenes bailarinas de un príncipe vecino, Confucio presentó su renuncia disgustado. Se fue con un puñado de estudiantes y vagó como maestro de estado a estado. Después de catorce años como maestro itinerante, murió a la edad de setenta y tres años.

Confucio es famoso por muchas cosas. Fue el primero en ofrecer una escuela para todos los jóvenes, independientemente de su condición o medios económicos. En sus *Analectas,* escribió: «En la educación, no debe haber distinción de clases» (15.38). Sin embargo, esto se aplicaba solo a los varones.

Él es también responsable de las seis obras clásicas del confucianismo: los Libros de las Mutaciones, las Odas, la Historia, los Ritos, la Música, y los Anales de primavera y otoño. Pero en lugar de escribirlos desde el principio, los organizó y editó para que pudieran ser transmitidos a las generaciones posteriores.

Las enseñanzas de Confucio

Confucio fue un pensador innovador, sus enseñanzas morales y religiosas han dado forma a la mentalidad china durante miles de años, incluso durante los más oscuros del comunismo chino, cuando Mao Zedong (podrías estar familiarizado con la forma antigua Mao Tsetung) trató de erradicar su influencia. Los locos y asesinos Guardias Rojos de Mao, durante la Revolución Cultural (1965–75), hicieron que los seguidores de Confucio y de su legado escondieran sus actividades. Pero en la década de 1990, cuando los líderes comunistas de China se dieron cuenta que ese vacío moral generaba locura, abrieron la puerta para que el confucianismo resurgiera. Ahora, como antes, su influencia está por todas partes en China. Aunque los chinos modernos no están explícitamente familiarizados con los maestros confucianos, debido a los esfuerzos anteriores del comunismo, sin embargo, ellos han recogido por ósmosis el énfasis confuciano en la reverencia a los ancianos y a los antepasados y en la dedicación a la educación.

Muchos han dicho que Confucio enseñaba solamente ética y no religión. Pero si bien es cierto que Confucio era sobre todo un moralista, no era un humanista secular (diciendo que no hay un ámbito divino, solo la humanidad). Él dijo: «El cielo me ha designado para enseñar esta doctrina». Así es que él se sintió llamado por el cielo para enseñar su filosofía de la vida. El cielo era su término para el ámbito de lo divino. También creía en la oración —que el cielo contesta las oraciones— y estaba convencido de que «El cielo castiga el mal y recompensa el bien».

Así es que el confucianismo, como lo enseñaba el Maestro Kong (recuerda, este es Confucio), era una especie de humanismo, pero ni secular ni autosuficiente. Era un humanismo religioso.

La tesis central de este humanismo religioso era lo que Confucio llamaba el *jen*, mejor traducido como «benevolencia». Se escribe en chino con dos caracteres, uno que significa «ser humano» y otro que significa «dos». La combinación de los dos caracteres se ha traducido como ambas «justicia» y «benevolencia», en referencia a los esfuerzos inconscientes por el bien de los demás. Piensa aquí en el buen samaritano, que no pensó en sí mismo ni en las razones para no ayudar al judío moribundo sino únicamente en lo que el pobre necesitaba: curación y un lugar para descansar. Ese samaritano, que podría haber sido despreciado por el judío antes de que fuera golpeado hasta quedar inconsciente, estaba practicando el *jen*.

Confucio y sus sucesores enseñaron una devoción tesonera a la virtud. Ellos encontraron alegría en el seguimiento de lo que él llamó el *dao* (literalmente, «el camino»,) aun cuando significaba pobreza, sufrimiento y muerte. Ellos decían que las personas justas serían felices comiendo arroz burdo y bebiendo agua si fuera necesario para seguir el

El mandato del cielo

A comienzos de la historia del confucianismo, se desarrolló la teoría de que un emperador que carece de virtudes pierde el derecho a gobernar. Entonces el cielo concede este derecho al conquistador que establece la siguiente dinastía. Este era un antídoto importante para la filosofía de «la ley del más fuerte», y ha sido utilizado por algunos recientes filósofos y activistas políticos chinos que abogan por el establecimiento de una verdadera democracia allí.

Camino, porque estaban interesadas en hacer lo correcto, no en obtener ganancias. Ellas no se preocupaban por conseguir llenarse el estómago o por tener una casa cómoda, sino por ser fieles al Camino.

Por lo tanto, las personas virtuosas nunca abandonan la justicia (*yi*) en la adversidad ni se apartan del Camino en el éxito. Se niegan a permanecer en la riqueza o en una posición de prestigio, si se obtuvieron de una manera indebida. Incluso por una cesta llena de arroz, ellas no se doblegarían. Si perpetrar una acción indebida o matar a una persona inocente fuera necesario para ganar el imperio, ninguna persona virtuosa consentiría en hacerlo. La virtud verdadera (*te*) es no preocuparse por lo que otros piensan y reconocer que es mejor ser despreciado por la gente mala que apreciado por todos. Con la *te* uno está dispuesto a renunciar a la vida misma si es necesario para seguir el camino de la benevolencia.

Cuando Confucio estaba viajando por el sur de China y sus discípulos se dieron cuenta de que su maestro no volvería a tener la oportunidad de poner en práctica sus principios (como un ministro de estado), ellos quisieron saber cómo se sentía. Le preguntaron acerca de dos antiguos sabios que bajo dos malos reyes habían muerto de hambre. Confucio respondió que eran verdaderos hombres, algo que rara vez dijo de alguien presente o pasado. Así es que un discípulo le preguntó de nuevo: «¿Cree usted que ellos se arrepintieron?». Confucio respondió con firmeza: «¿Por qué? Ellos querían la *jen* (benevolencia), y la lograron. ¿Por qué se iban a arrepentir?».

Aunque hoy en día podemos encontrar que este ideal es a la vez admirable y aterrador, Confucio y su discípulo Mencio (372–289 A.C.) encontraron que era una fuente de alegría. En las *Analectas,* Confucio comenta a menudo sobre la alegría que encuentra en la *jen* y la *yi,* incluso cuando se nos priva de lo que pudiéramos denominar las necesidades de la vida. Uno puede tener alegría, dijo él, con un tazón de arroz y un cucharón de agua en una choza destartalada. «Comiendo arroz burdo y bebiendo agua, utilizando nuestro codo como almohada, se encuentra la alegría. La riqueza y el rango alcanzados por medios inmorales tienen tanto que ver conmigo como las nubes pasajeras» (*Analectas* 7.16).

Vivir como confuciano

Creo que en algún lugar del universo hay un Dios supremo llamado Cielo, que nos está mirando en cada momento y que recompensará el bien y castigará el mal. Yo no adoro al Cielo de una manera concreta, ni lo mantengo en mi corazón constantemente, pero siempre que pienso en cometer alguna indecencia, me detengo por temor a un posible castigo suyo. Siempre que tengo buena suerte o algo que me produce felicidad, doy gracias al Cielo por su gracia. El 27 de agosto de cada año en el calendario lunar chino, se celebra el día del nacimiento de Confucio. En este día tenemos una gran ceremonia conmemorativa para rendir homenaje a Confucio. La ceremonia consta de cuatro partes —música, otras canciones, danza y ritual— cada una de las cuales representa algún aspecto de la tradición confuciana. De esta ceremonia conmemorativa en honor a la maravillosa herencia de Confucio, siempre recibo un fuerte sentimiento espiritual.

Wang Yongzhi
Profesor en la Universidad del Noroeste
Xi'an, China

Los discípulos de Confucio lo describieron como alguien que descuidaba sus comidas con su entusiasmo por el trabajo, se olvidaba de sus preocupaciones al ser dominado por la alegría y estaba tan absorto en la alegría del dao que no se daba cuenta que la vejez se le venía encima.

Mencio comentó que no tenía mayor alegría que encontrar, al examinarse, que él era fiel a sí mismo. Un hombre, dijo él, se deleita en tres cosas: que sus padres están vivos y sus hermanos están bien, que él no se avergüenza de enfrentar al cielo ni a los hombres, y que tiene los alumnos más talentosos.

La regla de oro

Confucio también es conocido por su doctrina de reciprocidad (shu), o como se le ha llamado en Occidente, la regla de oro: No hagas a otros lo que no quieres que te hagan a ti. Mencio lo expresó positivamente: «Haga lo posible por tratar a los demás como le gustaría que le trataran a usted y encontrará que este es el camino más corto a la benevolencia» (Mencio VII A.4).

Las mujeres en la sociedad confuciana

La sociedad confuciana es machista. Las mujeres deben someterse a sus padres, luego a sus maridos y, si viven con sus hijos después de que sus maridos mueren, incluso a sus hijos. Solo los ancestros masculinos son venerados.

Por desgracia, esto ha llevado a la creencia entre muchos de que el principal deber de la mujer es producir un hijo y que sus opiniones no son importantes. Esta manera de pensar también puede estar vinculada a los numerosos abortos e infanticidios que se realizan cuando se conoce que el bebé es una niña. La regla china de un solo hijo ha agravado el problema.

Parece que Confucio se dio cuenta de lo difícil que es poner en práctica todo esto. Él nunca pretendió ser un parangón de virtudes. De hecho, afirma lo contrario. Él no había podido cultivar la virtud, dijo, y se negó a reclamar la *jen* para sí mismo. Confesó que no había practicado lo que predicaba y exclamó en un momento dado: «¿Cómo me atrevo a decir que soy un sabio o un hombre benévolo?». En otra anotación de las *Analectas,* él se lamentaba de su incapacidad moral en términos que recuerdan el grito de desesperación de Pablo en Romanos 7: «Son estas cosas las que me causan preocupación: la falta de cultivar la virtud; la falta de profundizar más en lo que he aprendido; la incapacidad, cuando me han dicho lo que es correcto, de moverme a donde está; y la imposibilidad de reformarme a mí mismo cuando tengo defectos» (Analectas 7.3).

Por lo tanto, él les aconsejó a los que buscaban la *jen* que fueran modestos y humildes, sobre todo cuando la sociedad es inmoral. Deben admitir sus errores y no tener miedo de cambiar sus actitudes, ni deben ocultar el hecho de que no saben algo. Deben examinarse a sí mismos constantemente para encontrar faltas y oportunidades para mejorar. Cuando los demás no los aprecian, deben preocuparse menos por lo que otros piensan y más por sus propios defectos morales: «No es el fracaso de otros en apreciar sus habilidades lo que debería preocuparles, sino su propia falta de ellas». La persona pequeña busca pequeñas cosas de los demás, pero la persona superior se da cuenta de que el premio más duradero proviene de nuestro propio carácter.

Más de un siglo después de Confucio, Mencio resume esta enseñanza:

> Si los demás no responden a tu amor con amor, mira a tu propia benevolencia; y si los demás no devuelven tu cortesía, mira a tu propio respeto. En otras palabras, mira dentro de ti mismo cada vez que no puedas lograr tu propósito. Cuando estás en lo correcto en tu persona, el Imperio se volverá a ti. (*Mencio* IV A.4)

Tal vez porque se dio cuenta de que no estuvo a la altura de sus propios ideales, Confucio aconsejó a sus seguidores ser humildes. Dijo que no deberían estar avergonzados de buscar el consejo de los que estaban por debajo de ellos en rango. Él proclamó que había aprendido de cada persona. Las cosas buenas las copió y las malas trató de corregirlas en sí mismo. Repetidas veces, el sabio chino aconsejó a sus alumnos a «aprender con avidez», lo que significaba examinarse a sí mismos constantemente y estudiar los caminos del *dao*. También significaba aprender las tradiciones chinas de la historia, la literatura y las artes. Esta fue la génesis del énfasis chino en la educación.

La piedad filial y las cinco relaciones

Confucio dijo que la *jen* (benevolencia) se basaba en la piedad filial y el amor fraterno. La primera se refiere al cuidado y la honra que un hijo debe a su padre. Él va a alimentar a sus padres y a venerarlos, sin quejarse, y protegerá el honor de su padre. Incluso si su padre se roba una oveja, el hijo no debe revelar el crimen. El amor fraterno es el amor entre hermanos.

La piedad filial es la más importante de las «cinco relaciones», que han sido las piedras angulares de la estructura social china: el padre debe amar al hijo, y el hijo venerar al padre; el hermano mayor debe ser amable con el hermano menor, y este último respetuoso; el esposo debe ser bondadoso con la esposa y la esposa debe poner atención; el amigo mayor debe ser considerado con el amigo más joven, y el más joven debe ser deferente; el gobernante debe ser benevolente con sus súbditos, y a su vez los súbditos deben ser leales.

Nótese la importancia de la edad en la sociedad confuciana. Dos vicepresidentes de mi universidad, de edades similares, asistieron a una cena formal en una universidad de Corea, donde la influencia confuciana es también fuerte. Los anfitriones coreanos hablaban mucho entre sí y había una aparente confusión entre ellos antes de la cena hasta que finalmente uno le preguntó a los dos invitados de América qué edad tenían. Cuando se descubrió que uno era un año mayor que el otro, de repente hubo sonrisas por todas partes, y sus lugares en la mesa se definieron. El vicepresidente mayor se encontró sentado a la cabecera de la mesa.

Una perspectiva cristiana

Confucio y Mencio creían que el cielo impartía un sentido moral original a cada persona. Esto puede ser análogo a la ley divina que dice Pablo está «escrita en [nuestros] corazones» (Romanos 2.14–15). Pero aunque ellos (especialmente Confucio) reconocen su propio fracaso para vivir por este sentido moral, no saben mucho acerca de la santidad del cielo y suponen que podemos perfeccionarnos sin ayuda, por nuestros propios esfuerzos.

Como ha observado el teólogo suizo Hans Küng, Jesús fue más allá de las restricciones de Confucio en cuanto al amor a la familia y a la nación; el hombre sabio de Galilea quería superar las distinciones de la carne y la sangre, y también del género. El historiador Jeffrey Wattles escribe en su libro *The Golden Rule* (La regla de oro) que, si bien los confucianos pueden pensar sobre la benevolencia hacia los demás solo comparándose con su propia familia, Jesús dio una razón teológica para amar a los demás. Se debe amar a los demás porque ellos también son hijos del Padre celestial que tenemos en común. Mientras que Confucio enseñó que los enemigos no deben recibir amor sino corrección, Jesús les dijo a sus discípulos que debían amar a sus enemigos, porque así es como Dios trata a sus enemigos. Y quizás lo más importante, Confucio sabía que estamos llamados a vivir a la altura de los grandes ideales morales, pero tenía poco que decir a aquellos que buscan el perdón y la redención.

Confucianismo

1. Máxima preocupación: practicar la virtud, sobre todo la *jen* (buen corazón o benevolencia)
2. Visión de la realidad:
   a. Dioses: el cielo no es una persona, pero recibe oraciones y da retribución moral
   b. Ser: la naturaleza humana es buena y capaz de realizar la *jen*
   c. Mundo: la preocupación verdadera y propia del «hombre espléndido»
3. Problema humano básico: el abandono de la virtud, que es nuestro deber moral
4. Resolución: practicar las cinco relaciones, la regla de oro, la jen y la preocupación por el Camino antes que el beneficio

Dos tipos de daoísmo

El daoísmo es esa otra parte de la mezcla religiosa china. Recuerdas que exploramos el budismo en el último capítulo, y acabamos de echar un vistazo general al confucianismo, un sistema ético que también es religioso. Ahora llegamos al último de los tres componentes principales de la religión tradicional china: el daoísmo.

Así como vimos que el hinduismo y el budismo contienen religiones radicalmente diferentes dentro del «ismo», hay tipos radicalmente diferentes de daoísmo. De hecho, los dos grupos básicos —daoísmo religioso y daoísmo filosófico— difícilmente podrían ser más diferentes. Los daoístas religiosos creen en los dioses con poderes redentores, que la naturaleza humana es pecadora, y en la redención de la culpa y del pecado por medio de la oración, la penitencia, la alquimia y otros rituales de la religión personal. Ellos buscan la inmortalidad. Los daoístas filosóficos, por otro lado, son ateos que no creen en la vida después de la muerte. Como los budistas Theravada, ellos aspiran a penetrar las apariencias superficiales para llegar a la realidad oculta que anima el cosmos. A esto ellos lo llaman el *dao* (que en chino significa «camino»). Sin embargo,

Adorar como un daoísta religioso

En el primer día y el decimoquinto de cada mes en el calendario lunar chino, voy al Templo de los Ocho Santos para adorar a varios dioses. Cada vez que voy allí, quemo incienso, me arrodillo y me inclino hasta el suelo, y coloco ofrendas, tales como frutas, flores, alimentos y aceites comestibles para los dioses. Quemo incienso y adoro en todas las salas del templo, una por una en orden, pero la sala en la que adoro devotamente y por el tiempo más largo es la Sala de Lu Zu. Esto se debe a que Lu Zu [uno de los Ocho Inmortales] es el dios que mejor responde a mis oraciones. Él es el que más hace para salvarme del sufrimiento. Así es que cuando estoy apurado, voy solo a su sala, adoro por un rato y después me voy.

Un hombre en el noroeste de China

las dos formas de daoísmo no están completamente desconectadas; las semillas del daoísmo religioso se pueden encontrar en el antiguo texto daoísta, el *Dao De Jing* (o Tao *Te Ching*, de alrededor del siglo IV A.C.). Así es que echemos primero un vistazo al daoísmo filosófico, ya que su biblia es el *Dao De Jing*.

El daoísmo filosófico

El daoísmo filosófico fue una reacción contra el confucianismo. Lao Zi (también conocido como Lao Tse, en el siglo VI A.C.), supuesto fundador y autor del *Dao De Jing*, sintió que las enseñanzas de Confucio eran demasiado conformistas y moralistas. Se podría decir que se estaba rebelando contra lo establecido. Aquellos de nosotros que alcanzamos la mayoría de edad en la década de 1960 veremos en esta sección el motivo por el cual el *Dao De Jing* se convirtió en un texto favorito de los hippies que se rebelaron contra el «sistema» estadounidense.

Lao Zi hizo hincapié en el individuo y no en la sociedad. Si Confucio enseñó el deber, la moderación y la sociedad, Lao Zi apreciaba la libertad, la liberación y la naturaleza, la manera de hacer es ser. El *Dao De Jing* es una reacción contra el esfuerzo por alcanzar la *jen*, ya que defiende en su lugar al *wu-wei*, que es, literalmente, «no haciendo», por lo tanto no esforzarse. Su tema unificador es quitar nuestros ojos de las normas de la sociedad y enfocarnos de nuevo en nuestros sentimientos y el lado no racional (que no es necesariamente *irracional*) de la vida.

El Dao De Jing

Nosotros realmente no sabemos muchos detalles acerca de la redacción del *Dao De Jing*. Sabemos que su título significa «el libro del camino y sus virtudes». (Nótese que Lao Zi usa la misma palabra que Confucio —el *dao* o el camino— pero definida de una manera diferente.) No estamos seguros de la fecha (solo que el libro apareció entre el sexto y el cuarto siglos A.C.), o del autor (solo que él era el «viejo maestro», que es lo que Lao Zi significa), y que lo escribió cuando «partió hacia el Oeste», la tierra de los muertos. Algunos eruditos incluso piensan que este libro fue el trabajo de varias mentes.

Es bien conocido que el libro nunca define el *dao* (el camino). Una lectura preliminar muestra que está lleno de ironía. Por ejemplo, dice que el *dao* no se puede nombrar; sin embargo, todo el libro trata de decirle a su lector lo que es y lo que no es.

Otra ironía que se repite en todo el libro es que la fuerza viene de la debilidad. El agua, dice, es suave y flexible (puede ser atravesada por la mano de un bebé), pero también es dura e inflexible (puede cortar a través de la roca). Nosotros los cristianos estaríamos de acuerdo. Decimos que un hombre crucificado salvó al mundo a través de la «derrota», y que el poderoso Imperio Romano fue conquistado por una banda desarmada de personas religiosas.

Un tema importante en el *Dao De Jing* es «volver a la raíz por medio de la no acción [*wu-wei*]». Otra traducción de *wu-wei* es «no esforzarse». La idea no es la falta de acción, sino la naturalidad y no pasarse de la raya, hacer solo lo que sea necesario y natural. Esta es la imagen de una persona que «nada a favor de la corriente», lo cual libera sus habilidades naturales para ser utilizadas de la manera en que estaban destinadas, en lugar de frustrarse cuando las cosas no salen bien. La persona se retira de los placeres y el pensamiento habituales de la sociedad para llegar a lo que los daoístas llaman las raíces de la realidad. El resultado, dicen ellos, es la satisfacción y la humildad.

Un ejemplo de este estilo de vida sería negarse a tomar represalias contra un enemigo y en su lugar observarlo (y al *dao* o la naturaleza) cómo se destruye a sí mismo. Esa es la naturaleza del mal: con el tiempo se revertirá. El daoísta filosófico está convencido de que el cosmos tiene esta estructura irónica, aunque él piense que no hay un Dios personal que la puso allí.

Algunos han llamado al daoísmo filosófico una filosofía de camuflaje, ya que su tema de fondo es que realidad no es lo que parece. Lao Zi dijo: «La mayor inteligencia se presenta como la estupidez, la mayor elocuencia parece ser tartamudez». Piensa en Sócrates, que era considerado política y socialmente estúpido por los gobernantes de Atenas, y en Jesús, cuya sabiduría fue despreciada por los fariseos.

Lao Zi dijo también que la virtud no viene del cálculo sino de la unión. En otras palabras, llegamos a ser buenos no tanto por apretar los dientes y flexionar los músculos y la voluntad, sino más bien por tratar de flotar en la corriente del *dao* y dejar que nos lleve. Hay un concepto similar en la fe cristiana, pero la analogía es imperfecta, porque el *dao* es impersonal, mientras que el Dios cristiano es sumamente personal. Pero ten en cuenta a la Madre Teresa. La mayor parte del mundo pensó que su principal ministerio era con los pobres. Ella corrigió a los periodistas cuando dijeron esto, y siempre insistió en que su principal ministerio fue para con Jesús. Y más al punto, afirmó que él era la fuente de su fuerza

Algunas escuelas religiosas daoístas

La *Escuela de higiene de los dioses interiores* (siglos II al V A.D.) buscó apasionadamente la inmortalidad del cuerpo físico en la tierra. Muchos murieron por comer oro y mercurio, algunos por saltar al fuego con la esperanza de que con el fuego subirían al cielo. Otros murieron de hambre porque solo comían flores y vegetales, pensando que la ligereza de los alimentos podría causar que se elevaran. Hubo expediciones para buscar las Islas de los Bienaventurados, además setas mágicas, ejercicios de gimnasia, practicar relaciones sexuales sin la liberación de semen y tomar el sol para recibir los rayos que prolongan la vida.

En la *Escuela de la conversación pura* (siglos III y IV A.D.) se mantuvieron discusiones filosóficas, se escribió poesía y música, se bebió gran cantidad de vino y se hicieron cosas deliberadamente para violar las normas sociales, todo en un esfuerzo por alcanzar la inmortalidad.

La secta daoísta de la *familia Chang* se inició en el siglo II A.D., cuando Chang Dao-Ling dijo que firmó un tratado con todos los demonios y espíritus y que de ese modo había ganado el control sobre ellos. Él alegaba poseer encantos para proteger a las personas de los malos espíritus, y así podía exorcizarlos. Él legó esta autoridad a su familia en un papado daoísta nepotista. Esto también fue llamado el dao de los cinco sacos de arroz. A los creyentes se les enseñaba que si aportaban esa cantidad de arroz a los líderes de la secta, vivían ejerciendo la piedad, se arrepentían de sus pecados, y asistían religiosamente a la iglesia de la familia Chang, alcanzarían el Jardín místico (paraíso) después de un tiempo en el inframundo. Los vivos podían orar por las almas de los muertos para que fueran liberados del inframundo para llegar al paraíso. Este fue el comienzo del daoísmo religioso institucional.

El líder de *Jiangxi* fue Chang Chiao (no relacionado con el anterior), que en el año 184 A.D. tuvo una revelación que después de diez años de catástrofes políticas y naturales, Lao Zi vendría de nuevo e inauguraría la era de la Gran Paz. Los problemas habían llegado a

Continúa en la página 71

y su virtud. Ella dijo que la única manera de hacer lo que hizo era ir a misa todas las mañanas para recibir fuerza y nueva vida del mismo Hijo de Dios. Su virtud venía a través de su unión con Dios, no simplemente de su propio esfuerzo.

El daoísmo filosófico

1. La máxima preocupación: la unidad con la naturaleza (el *dao*)
2. Visión de la realidad:
   a. Dioses: ninguno como tal, solo el *dao* impersonal, que es el proceso fundamental del cambio
   b. Ser: ya está unido al *dao*, por lo tanto, intrínsecamente bueno
   c. Mundo: real y uno, pero en constante cambio
3. Problema humano básico: la separación del *dao* por las costumbres humanas, la racionalidad y la rutina
4. Resolución: *wu-wei* (no luchar) y vivir cerca de la naturaleza, con espontaneidad

Lao Zi y su discípulo Zhuang Zi (también conocido como Chuang Tzu) enseñaron una clase de humildad cósmica que se da cuenta de que no somos nada (en comparación con la totalidad del cosmos) y se convierte en olvido de nosotros mismos «como un tronco de árbol seco» o «cenizas muertas». Las personas sabias «se conocen a sí mismas, pero no se ven a sí mismas». En otras palabras, no están obsesionadas con ellas mismas y con su propio progreso espiritual, sino que reconocen su insignificancia ante el *dao*. (Esto es como los discípulos cristianos que se olvidan de sí mismos y están llenos de amor por Aquel que, misteriosamente, los llena y vive a través de ellos.) Han llegado a comprender, al igual que Zhuang Zi, que «nunca se encuentra la felicidad hasta que dejamos de buscarla». Él encontró que cuando dejó de luchar por ser feliz, de repente «lo correcto» y «lo incorrecto» se hicieron evidentes por sí mismos. La felicidad vino también, pero solo como un subproducto de la unión con el *dao*. Por lo tanto, a los que están en el *dao* no les preocupa si ellos les agradan o les desagradan a los demás, si

Viene de la página 69

causa del pecado humano. Por lo tanto la gente debe confesar sus pecados y beber agua santificada. Los chinos abandonaron sus pertenencias, contribuyeron con los pobres y construyeron carreteras y puentes durante este movimiento masivo. Al poco tiempo, las tropas del gobierno mataron a Chang, pero el movimiento le sobrevivió.

los demás les respetan o no. «Porque donde hay muchos hombres, también hay muchas opiniones y poco consenso. No hay nada que ganar del apoyo de un montón de idiotas que están condenados a terminar peleándose los unos con los otros». De ahí que «imiten al pez que nada despreocupado, rodeado por un elemento amistoso y ocupándose de sus propios asuntos».[2]

Reflexión cristiana

Lao Zi y Zhuang Zi dieron pocos indicios de creer que lo divino era algo más que un destino impersonal; sin embargo, insistieron en que su funcionamiento es bueno, si no para el individuo, al menos para la humanidad en general. Resignarse a lo que es y que no se puede cambiar era una manera de lanzarse al abismo de la bondad y estar contentos de que todo saldría bien.

> Si estamos contentos en absoluto de estar solo en una forma humana, en la medida en que la forma humana cambia en miles de formas, sin llegar nunca a un fin, el disfrute de ella debe ser incalculable. Por lo tanto, los sabios deambularán donde nada puede escaparse y todo está allí. Para ellos, la juventud es buena y también lo es la vejez; para ellos, el comienzo es bueno y también lo es el fin.
>
> Zhuang Zi
> *Chuang Tzu*, capítulos interiores, capítulo 6

La gran mayoría de los textos de Lao Zi y Zhuang Zi hablan sobre un *dao* abstracto e impersonal. Pero hay indicios en Zhuang Zi de que la razón por la cual todo el sistema es bueno es que hay un Ser benéfico que ordena lo que existe. Él cuenta la historia de Tzu Lai, un hombre al borde de la muerte que le explica a su familia: «Lo que hace que mi vida sea buena también hace que mi muerte sea buena... Ahora bien, si ustedes se imaginan que el universo es como una gran fragua y que el creador es un gran forjador, ¿qué pudiera suceder que no fuera bueno? Me voy a dormir tranquilo y me animo cuando me despierto» (*Chuang Tzu*, capítulos interiores, capítulo 6).

Sin embargo, hay por supuesto grandes discrepancias entre esta fe y la fe cristiana. Primero, y lo más importante, para el daoísta filosófico este es un universo solitario y frío, sin un Dios de amor que trae a su gente de nuevo a su regazo. Podemos echar un vistazo a la frialdad de la historia de Zhuang Zi, quien cantó y tamborileó en un tazón cuando su esposa murió. Cuando un amigo sorprendido le pidió una explicación, él respondió: «Esto es como la rotación de las cuatro estaciones: primavera, verano, otoño e invierno. Ahora ella se encuentra dormida en la gran casa del universo. Para mí, seguir llorando y lamentando sería mostrar mi ignorancia del destino. Por lo tanto, no lo hago» (*Chuang Tzu* 18).

En segundo lugar, hay una sensación de fatalismo y pasividad que no encaja en un mundo regido por un Dios que busca nuestra participación en el establecimiento de su reino a través de nuestra obediencia y nuestra oración.

Los daoístas, en tercer lugar, tienden a creer que si solo nos deshiciéramos del deber y del aprendizaje formal, la gente, naturalmente, haría las cosas correctas y buenas, lo cual ahora se resisten a hacer. Esto parece difícil de creer después del Holocausto, los campos de exterminio de Camboya, el Gulag de Stalin, y el genocidio en Darfur. Esta creencia daoísta depende de lo que parece ser una ingenua confianza en la bondad de la naturaleza humana. La doctrina cristiana del pecado original (los seres humanos están predispuestos al egoísmo), parece ser más realista. Y precisamente por eso es que los cristianos dicen que no podemos seguir el camino chino o el camino de Cristo sin un Salvador que nos ayude.

El daoísmo religioso

Las Escrituras nos dicen que cada persona sabe, de cierta manera, que hay un Dios (Romanos 1.19–21). Tal vez sea esta la razón por la cual hubo un cambio, alrededor del siglo segundo A.C., del daoísmo filosófico, que es ateo, al daoísmo religioso, que cree en todo tipo de dioses. A la mayoría de la gente se le hace difícil vivir con el ateísmo, o un universo moral que carece de un dios personal. Somos personas, y de acuerdo con el primer capítulo de Pablo en Romanos, todos tenemos una intuición latente o inconsciente de que en la fundación del cosmos hay una Persona, no solamente un principio abstracto. Por lo tanto, era quizás inevitable que el daoísmo filosófico produjera otro daoísmo que diera cabida a un dios o dioses.

Todo comenzó con el deseo por la inmortalidad de los primeros daoístas. La temprana doctrina de que los seres humanos se combinan con el *dao*, perdiendo así su individualidad, no era muy atractiva para algunos. Fueron inspirados por las historias de Zhuang Zi sobre los «hombres puros de la antigüedad» que subieron a grandes alturas, no se quemaban en el fuego ni se ahogaban en el agua, y vivían en islas maravillosas. Los daoístas posteriores, inspirado por estas visiones, construyeron un sistema dedicado a ganar la inmortalidad.

Se ingeniaron una variedad de métodos para evitar la muerte. Algunos utilizaban la alquimia, la ingestión de mezclas de plomo, mercurio y oro. ¡Esto, por supuesto, mató a un buen número de ellos! Pero estos

Los sacerdotes daoístas

El sacerdote daoísta es a menudo un individuo carismático que conoce los rituales para varios festivales y puede exorcizar a los demonios de los edificios y las personas. Él es una especie de continuación del antiguo chamán chino, que se creía estaba poseído por los espíritus y podía comunicarse con ellos.

Mao Zedong y el daoísmo religioso

El fundador del estado comunista moderno en China, Mao Zedong (1893–1976), estableció oficialmente el ateísmo forzado pero parece haber creído en privado en un reino más allá de la tumba. En 1957 él escribió un poema dedicado a Li, una mujer que perdió a su esposo Liu (que literalmente significa «sauce»). La propia esposa de Mao fue Yang (literalmente, «álamo»). Los pensamientos expresados son una reminiscencia de un cosmos daoísta religioso.

> Tiempo hace que perdí a mi Yang, el álamo valiente
> Y Liu, tu sauce frondoso, está ahora cortado.
> Pero las semillas del álamo con cabello de seda y los mechones de sauce
> Flotan, como lo hicieron, hasta el noveno cielo.
> Al pasar la luna, se detuvieron, y...
> Les dieron de beber vino de la casia dorada.
> Y la diosa de la luna rindió honores
> A estas almas fieles, con las mangas extendidas, bailando para ellas
> Por todos los espacios del infinito cielo.[3]

daoístas posteriores estaban motivados por una historia del siglo IV sobre Wei Po Yang, que le dio la poción a su perro. El perro murió de inmediato. Wei pensó, sin embargo, que podría funcionar solo para los seres humanos, y que era mejor correr el riesgo de morirse que perderse lo que bien pudiera ser su única oportunidad de alcanzar la inmortalidad. Por desgracia, la poción también mató al pobre Wei. Pero cuando el discípulo de Wei encontró su cuerpo, se imaginó que Wei debía saber algo que él no sabía. Así que él también ingirió la mezcla y le sucedió lo mismo. Cuando otros dos discípulos encontraron a estos dos hombres muertos y a un perro muerto, decidieron que ellos no cometerían el mismo error y se fueron para obtener algunos ataúdes. Cuando ya los discípulos se habían ido, dice la historia que Wei y su discípulo y el perro volvieron a la vida, dejaron por detrás un mensaje y continuaron hacia la inmortalidad.

El daoísmo religioso

1. Máxima preocupación: la inmortalidad
2. Visión de la realidad:
   a. Dioses: una jerarquía de dioses y héroes bajo una trinidad (la deidad suprema, el Señor Dao, el Señor Lai)
   b. Ser: pecaminoso
   c. Mundo: real, la vida en él es buena y debe buscarse para siempre
3. Problema humano básico: la mortalidad
4. Resolución: la alquimia, buenas obras, meditación, oración y penitencia, además de otros métodos

Otros daoístas practicaron complicados ejercicios de respiración, formas menos tóxicas de la alquimia, buenas acciones, dietas especiales e incluso ciertas prácticas sexuales, todo en la búsqueda de la inmortalidad.

Los esfuerzos para ganar la inmortalidad se situaban en el contexto de los dioses y las fuerzas cósmicas. El punto de vista habitual del cosmos era el siguiente: El *dao* supremo es un principio inmutable e impersonal que es el origen de todas las cosas. Dio a luz a un «soplo» (*ch'i*) que a su vez dio origen por movimiento al principio activo, el *yang*, y por la quietud al principio de descanso, *yin*. Este mundo es el resultado de la continua interacción de yin y yang con los cinco agentes fundamentales del mundo: madera, fuego, tierra, metal y agua. Los meses de invierno muestran el predominio de la inactividad de yin: frialdad, humedad, sueño, oscuridad. Los meses de verano muestran que el dinamismo del yang ha ganado terreno, produciendo calor, actividad y luz.

De alguna manera el *dao* ha producido también una jerarquía de dioses, con los tres Venerables Celestiales a la cabeza. Estos representan una especie de trinidad daoísta, con la deidad suprema como una emanación del dao, el Señor Dao, como la personificación del dao, y el Señor Lai, que es Lao Zi convertido en un dios. Por debajo de esta trinidad hay una gran variedad de dioses que habitan en nueve diferentes cielos, y después de ellos hay una enorme cantidad de demonios, seres humanos, animales y fantasmas.

El daoísmo religioso reconoce, con razón, que hay algo más en la realidad sobrenatural que el *dao* impersonal y que somos pecadores que tenemos la oportunidad de alcanzar la vida después de la muerte. Pero que lograr alcanzar esa vida depende totalmente de nosotros y de nuestros débiles esfuerzos, utilizando métodos que para un cristiano parecen no tener esperanza. Incluso para un daoísta, los dioses no ofrecen mucha ayuda. Aquí es donde el verdadero Dios que realmente entró en la historia para lidiar con el pecado de una vez por todas, y que es capaz de prometer la vida eterna, es muchísimo más atractivo.

5

Cristianismo

Lo que tú crees pero que te cuesta explicar

Jesús es el centro y corazón del cristianismo. Sin él no hay cristianismo. Si alguna vez se explica el cristianismo de una manera que no coloca a Jesús al centro, ya no es cristiano. Tratar de explicar el cristianismo de esta manera puede ser difícil de imaginar, pero existen muchas personas que han hecho precisamente esto, consciente o inconscientemente. Por ejemplo, siempre hay quienes han dicho que el cristianismo es una forma de vida más que cualquier otra cosa, y esta forma de vida es tener fe en Dios, mientras amamos a nuestro prójimo. Eso puede ser una forma muy agradable de vivir, pero no es cristianismo. Se lo puede llamar unitarismo o teísmo o humanismo (o incluso judaísmo o islam), pero realmente no se lo debería llamar cristianismo. Es posible, por supuesto, tener fe en Dios y amar al prójimo, pero negar la misma esencia de la doctrina cristiana, lo cual es que Jesús es Dios, quien vino al mundo para salvar a la humanidad pecadora.

Así que en este capítulo sobre cristianismo vamos a empezar con Jesús. Y para encontrarlo, vamos a ir al libro de Marcos, el más corto y tal vez el primer evangelio en la Biblia. Vamos a un Evangelio del Nuevo Testamento, porque, como Martín Lutero dijo una vez, no tenemos conocimiento seguro de Jesús salvo a través de la Biblia. Nuestro único conocimiento fiable de Jesús viene de estos evangelios que fueron escritos por personas cercanas a él y montados por quienes se dedicaron a lo que enseñaron los apóstoles.

Jesús, según Marcos

La cuestión central del Evangelio de Marcos es: «Y ustedes, ¿quién dicen que soy yo?» (8.29 NVI). Esto fue lo que Jesús preguntó a sus seguidores cuando un día estaban sentados juntos, y también es la pregunta clave de la esencia del cristianismo: ¿Quién es Jesús?

Marcos nos dice en el mismo comienzo de su evangelio que Jesús es el «Hijo de Dios» (1.1 NVI). Luego, al final lo escuchamos de nuevo de la boca del centurión: «¡Verdaderamente este hombre era el Hijo de Dios!» (15.39 NVI). Marcos nos está diciendo que solo cuando nos enfrentamos a la crucifixión y aprendemos su significado podemos conocer a Jesús por lo que él es: el Hijo de Dios.

Al leer la primera mitad del Evangelio de Marcos, pensaríamos que habría un final diferente para la historia. Jesús parece ser un hacedor de milagros o un mago: curando enfermos, resucitando muertos, echando fuera demonios, y caminando sobre el agua. Y sus discípulos no estaban conscientes de lo que él pensaba. No entienden sus parábolas (4.13; 7.17–18), tienen miedo y no tienen fe (4.40), y no comprenden la multiplicación de los panes que alimentó a cinco mil personas (6.52). En el capítulo 8 se han olvidado de la alimentación milagrosa, porque esta vez le piden a Jesús: «¿Dónde se va a conseguir suficiente pan en este lugar despoblado para darles de comer?» (v. 4 NVI).

Marcos incluye estos detalles para decirnos, entre otras cosas, que los milagros no tienen significado por sí mismos. En otras palabras, la gente puede ver milagros sin comprender al hacedor de milagros. Con el tiempo, los discípulos llegaron a darse cuenta que Jesús es el Mesías esperado. Pero aun así, siguieron la tendencia de su época, que era pensar que el Mesías sería un líder político y militar que expulsaría a los romanos. Fracasaron en entender lo que Jesús trató de explicar repetidas veces, que el Mesías tendría que morir.

Después que Pedro confiesa que Jesús es el Mesías en Cesarea de Filipo (8.29), y Jesús comienza su viaje solitario a lo que le esperaba en Jerusalén, los milagros casi cesan (solo hay un exorcismo, una curación, y el marchitamiento de la higuera). El evangelio se centra en cambio en explicar la cruz, a través de la cual Jesús da su vida en «rescate por muchos» (10.45), la sangre que Jesús derrama en la cruz es la sangre del nuevo pacto (un acuerdo entre Dios y su pueblo), que es «derramada por muchos» (14.24 NVI). Jesús estaba claramente haciendo eco a la descripción de Isaías del siervo sufriente quien ofrecería una «ofrenda por el pecado» y cargaría el pecado de muchos (53.10–11).

Los libros del Nuevo Testamento

Hoy en día algunas personas piensan que el canon del Nuevo Testamento (la colección de veintisiete libros con ese nombre) fue decidido por un pequeño grupo de hombres y se impuso a un movimiento que en realidad ya había aceptado una cantidad mayor y más variada de libros.

Pero los hechos son muy diferentes. Al seleccionar los libros para el canon del Nuevo Testamento, los líderes de la iglesia simplemente ratificaron lo que las iglesias ya habían determinado a nivel de base. Dijeron, en efecto: «Estos son los libros que han sido reconocidos como autoritativos por casi todas las iglesias». Usaron tres criterios: apostólico (¿fueron escritos por los apóstoles o sus seguidores?), conformidad a la regla de la fe (¿son congruentes con lo que los apóstoles enseñaron?), y la aceptación por parte de la iglesia en general (¿se aceptan estos libros por casi todas las iglesias?).

Se rechazaron libros que no cumplieron con estos criterios. Por ejemplo, el Evangelio de Tomás enseña cosas ajenas a lo que los apóstoles dicen que Jesús enseñó. Tiene a Jesús diciendo: «Levanta una piedra y me encontrarás allí», y «Dejen que María se vaya lejos de nosotros, porque las mujeres no son dignas de vida».

Algunos libros, como Santiago, Hebreos y Apocalipsis fueron aceptados más lentamente que otros. El profesor Bruce Metzger, experto en la historia del canon, dice que esto demuestra que la iglesia primitiva tuvo la precaución de tomar tiempo para determinar si un documento era auténtico.

El cristianismo

1. Máxima preocupación: unión con el Dios trino, al mantener la individualidad
2. Visión de la realidad:
   a. Dios: santo, justo, amoroso, trino (Padre, Hijo y Espíritu Santo); infinito pero personal
   b. Ser: creado bueno pero caído, en esclavitud al pecado (aparte de la redención)
   c. Mundo: bueno, finito, creación de un Dios bueno
3. Problema básico humano: pecado, que separa de Dios
4. Resolución: Cristo, cuya vida perfecta otorga nuestra salvación y cuya muerte paga la pena por nuestros pecados; estamos unidos a Cristo por fe, que es el comienzo del nuevo nacimiento y llenura por el Espíritu Santo.

En otras palabras, en la cruz Dios estaba tratando con los pecados de su pueblo. Estos pecados habían roto la comunión entre un Dios santo y un pueblo pecador. Los teólogos cristianos han usado varias teorías para explicar cómo funciona esta «expiación». Ninguna teoría es suficiente, tal vez todas son necesarias, y todavía no lo entendemos completamente. Pero el Nuevo Testamento pone de manifiesto, basándose en temas fuertes del Antiguo Testamento, que Dios puede traer a un pueblo pecaminoso a sí mismo solo por la sangre de la cruz.

Tantos judíos como musulmanes, entre otros, se preguntan por qué Dios no podría habernos perdonado sin la cruz. Jesús dijo repetidas veces que «debe» ir a la cruz (ver, por ejemplo, Marcos 8.31–32). Esto estaba basado en la convicción judía de que los pecados deben ser expiados (literalmente, «cubiertos») por la sangre, y según la intuición del ser humano (¡dado por Dios!), que la maldad debe ser castigada para que se haga justicia. Por lo tanto, Dios no puede ignorar la maldad cuando perdona el pecado, para que la maldad no sea tolerada y su santidad comprometida.

La sangre es necesaria porque, en la Biblia y en todas las culturas antiguas, representa vida. La maldad destruye la vida y la justicia exige que otra vida se dé para compensar por la que fue tomada. La mayoría de las religiones del mundo han practicado el sacrificio de animales por esta razón.

Sobre la cruz de Cristo, el amor y la justicia se muestran simultáneamente: justicia, porque Dios castigó la maldad, y amor porque Dios tomó el castigo sobre sí mismo. La iglesia primitiva decía que la cruz está en el corazón del evangelio (literalmente «buenas noticias»,) porque allí, a causa de su santo amor, Dios salvó a los rebeldes seres humanos, tomando sobre sí mismo el castigo y el abandono («Dios mío, Dios mío, ¿por qué me has abandonado?» Mateo 27.46, mi traducción) que el pecado humano merece.

El Evangelio de Marcos nos muestra por qué necesitamos la cruz. Jesús trata de enseñar humildad a los discípulos, pero no lo entienden. En lugar de eso se ponen a discutir sobre quién será el más grande y qué recibirá al sentarse a su derecha e izquierda cuando viene su reino (Marcos 9.33–34; 10.35–37). Luego, en el momento del juicio, cuando Jesús les pide su ayuda, todos se desvanecen, incluso sus seguidores más inmediatos. Algunos, en un giro irónico, toman una siesta (14.32–38). Pedro vociferó seguir a Jesús hasta la muerte, pero al final lo niega tres veces. Después, llora con desesperación.

Dar significado al Antiguo Testamento

Por dos mil años los cristianos se han preguntado cómo interpretar el Antiguo Testamento, especialmente las historias que no hablan acerca del Mesías

El padre de la iglesia, Orígenes (185–253 A.D.), desarrolló el «cuádruple significado de la Biblia», el cual ayudó a los cristianos hasta el período moderno a entender el Antiguo Testamento.

Significado literal

El primero de sus cuatro «significados» es el *literal* o histórico, que explica, en el caso del Antiguo Testamento, «lo que ocurrió» en el texto. Digamos que el pasaje es Génesis 22, la historia de Abraham del casi sacrificio de Isaac. Lo que sucedió es que Abraham ofreció a Isaac como sacrificio a Dios en obediencia al mandamiento de Dios. En el último momento, Dios intervino para detener a Abraham antes que matara a su hijo y proporcionó un carnero en su lugar para el sacrificio. Estos hechos constituyen el significado literal o histórico.

Significado alegórico

Luego está el significado *alegórico*, o «lo que debes creer». Esta es la parte más importante de la comprensión espiritual, la que nos muestra a Cristo. Para Orígenes, tanto el carnero como Isaac representan o son «tipos» (personas o cosas del Antiguo Testamento que apuntan a realidades del Nuevo Testamento) de Cristo, que fue el sacrificio perfecto para nosotros. El carnero representa la carne de Cristo, que murió en el Calvario, pero Isaac representa al «Cristo según el Espíritu»; que «permaneció incorruptible». El carnero pereció, pero no Isaac. ¿La lección alegórica o espiritual? Abraham ofreció a Dios su hijo mortal que no murió, y Dios dio a su Hijo inmortal que murió por todos nosotros.

Significado moral

El tercer significado es el *moral o tropológico*, «lo que debes hacer». En otras palabras, ¿qué instrucción nos da esto para nuestra vida cristiana? En este caso, Orígenes diría que deberíamos responder con gratitud y alabanza por el sacrificio de Dios con Cristo por nosotros, y a su vez debemos ofrecer nuestras propias vidas como un sacrificio a Dios.

Continúa en la página 83

Tambores en África

Me despierto en medio de la noche y me quedo escuchando. Desde lejos los tambores llegan a mis oídos. Alguien se está muriendo. Alguien está sufriendo. Alguien ya murió. Es casi madrugada y los tambores invocan a los demonios que están intentando convocar. Acostado en la cama, pido la misericordia y protección de Dios.

Desde lejos, acostado en la cama, escucho otros tambores. Estos provienen de una iglesia. Es domingo por la mañana y, aunque no puedo distinguir las palabras, sé que están alabando a Jesús.

Los tambores que usan para invocar a los demonios hacen un sonido como un gemido de dolor y desilusión. Para alabar a Jesús también golpean tambores, pero su sonido se eleva con alegría y gratitud. Las voces empiezan a elevarse alto y fino. Lágrimas de emoción caen de los ojos y por unos momentos se siente como que podríamos estar en el propio reino. Esta es la forma en que alabamos al Señor en África.

Al unirme a este culto, pienso acerca de Jesucristo, lo bueno que es, cómo merece mi alabanza. Canto de su amor, su justicia, y lo mucho que amo su nombre.

Luego, durante la semana, cuando estoy sola, mis labios no se mueven ni sonido escapa de mi boca, pero estoy cantando en mi corazón. Canto fuerte y alto. Canto del regreso de Jesús, de mi deseo de estar con él, y de mi gratitud por todo lo que ha hecho por mí. Ya sea en el silencio de mi habitación, detrás del volante de mi coche, o en el medio de la noche cuando me despierto, canto de su fidelidad y misericordia.

Noemia Gabriel Cessito,
enfermera y directora de la Clínica Médica Proyecto Vida,
Dondo, Mozambique

En los discípulos nos vemos a nosotros mismos: la debilidad de nuestra propia carne, el engaño de nuestros corazones, y la negrura de nuestras propias mentes cuando nos enfrentamos a la tentación. Nos damos cuenta que es precisamente porque somos infieles tan frecuentemente —lo que sabemos si escuchamos atentamente a las exigencias de la ley de Dios en la Biblia y en nuestra propia conciencia— que necesitamos la cruz. Sabemos que nuestra falta de santidad nunca puede estar de pie en presencia del Dios infinitamente santo y que solo un sacrificio infinito puede tratar con nuestro pecado.

En el Evangelio de Marcos, Jesús llama a sus discípulos a un discipulado sufriente. No hay ningún indicio de diluir las elevadas exigencias de la ley de Dios. No se nos dice que va a ser fácil. En realidad, Jesús nos dice que debemos tomar nuestra propia cruz diariamente (8.34).

Viene de la página 81

Significado anagógico

El último significado es el *anagógico*, que en griego quiere decir «que conduce hacia arriba». Se refiere a «lo que deberíamos aspirar» en el cielo. Orígenes podría decir que este pasaje nos recuerda que en el cielo tendremos la visión beatífica del «Cordero que fue sacrificado desde la creación del mundo» (Apocalipsis 13.8), y que toda nuestra vida debe estar dirigido a la espera de esa bendita visión.

Cuando los cristianos en los primeros 1,500 años de cristianismo leían el Antiguo Testamento, trataron de averiguar cuatro capas de significado en el texto: lo que ocurrió, lo que deben creer acerca de Dios y de Cristo, lo que deben hacer, y cómo el pasaje arroja luz sobre el cielo. Hoy muchos cristianos están comenzando a usar este significado cuádruple de nuevo.

Jesús nos llama a amar a Dios y al prójimo (12.29–31) pero en el Evangelio de Marcos ese amor está hecho de cosa dura. No es solo un sentimiento, sino más bien el camino de obediencia a la voluntad de Dios, que implica arrepentimiento (1.15), abnegación (8.34), humildad (9.35), dando a los pobres y a la obra de Dios (10.21), servicio (10.43–45), oración y perdón (11.25), y persecución (10.30, 13.13). Debemos obedecer, incluso si eso significa cortarnos un pie o sacarnos un ojo (9.43–47). Ser discípulo de Jesús significa seguir su camino sin importar el costo.

Otro indicio revelador de este evangelio es el tema de los que están dentro / los que están fuera. A Dios parece que le encanta hacer inversiones. Son los que están fuera de la sociedad, los marginados y despreciados, tales como leprosos, prostitutas, niños y ciegos, quienes reciben las buenas noticias con mucha alegría. Aquellos que gozan de prestigio en la sociedad, tanto líderes religiosos como políticos, y algunos ricos, son los que más suelen rechazarlo.

Al igual que los otros tres, el evangelio de Marcos termina con la resurrección de Jesús de entre los muertos. No se nos dice exactamente lo que significa la resurrección, pero claramente es motivo de gran alegría. Se les dijo a las mujeres en la tumba que fueran a decirlo a los apóstoles (16.7), y que a su vez son ordenados a decirlo al mundo entero (v. 15).

El primer teólogo

Se nos aporta más del significado de Jesús, su muerte y resurrección, por el primer teólogo de la iglesia, el apóstol Pablo. Podría llamarse su carta a los Romanos, la primera presentación sistemática del evangelio de la iglesia primitiva.

Viviendo como católico en la China

Como un cristiano que fue bautizado como católico, adorar a Jesucristo y seguir su ejemplo son partes integrales inseparables de mi vida. Todos los días leo la Biblia, especialmente las dos lecturas y el evangelio para la misa del domingo. Usando el misal del Vaticano II, y arrodillado delante de un crucifijo y la imagen de la Sagrada Familia, reflexiono sobre lo que Jesucristo hizo para salvarnos del pecado y cómo nos enseña a seguirlo.

Todos los domingos voy a la iglesia y disfruto de la misa con todos mis hermanos y hermanas allí. De 9 a 09:20 cantamos himnos con una hermana acompañando en el piano, de 9:20 a 9:30 rezamos el rosario con una misma cadencia, y de 9:30 a 10:30 tenemos misa. La Semana Santa antes de Pascua siempre significa mucho para mí, sobre todo el triduo (del jueves santo hasta el domingo de Pascua). Me emociona casi hasta llorar porque el obispo lava los pies de doce hermanos elegidos en la misa de jueves santo, nuestro contacto con la cruz, uno por uno en la misa de viernes santo, y luego el encendido de las velas en la oscuridad durante la misa del sábado santo. En estas ocasiones, veo como en visión al Dios vivo entre nosotros. En este misterio pascual, me siento renacer en la muerte y resurrección de Jesús.

No es suficiente adorar a nuestro Señor en privado y en público sin tener que soportar nuestra cruz cada día en los pasos de Jesús. Y ayudar y amar a los necesitados es una adoración que traerá su propio milagro.

Shang Quanyu
Profesor de filosofía histórica
de la Universidad Normal de Zhanjiang, China

Pablo comienza por decirnos que Dios tiene todo el derecho de estar enojado con nosotros, porque él nos ha dado evidencia inequívoca de su existencia y cuidado, pero nosotros hemos suprimido este conocimiento, hemos rehusado darle las gracias y la sumisión que se merece (Romanos 1.21), y hemos vuelto a adorar los dioses del egoísmo y deseo (vv. 22–32). Dios es evidente en la naturaleza (vv. 19–20), y su ley se escucha en nuestra conciencia (2.14–15), por lo que no tenemos excusa. Aun los religiosos están condenados porque hacen las mismas cosas por las que condenan a los no religiosos (vv. 17–29).

El resultado es que todo ser humano se ha centrado en sí mismo y se ha alejado de su Creador. Debido a que la ley de Dios prescribe un amor perfecto para Dios y el prójimo, y hemos hecho todo lo contrario, todos debemos guardar silencio ante Dios. Ninguno será justificado delante de él por lo que hacemos (3.19–20). No hay ninguna cantidad de buenas obras que puedan compensar nuestra desobediencia e idolatría. Todo lo que podemos ver, cuando nos fijamos detenidamente en la ley de Dios, es que la hemos roto una y otra vez, y de hecho parece ser que somos infractores de la ley por naturaleza (v. 20).

La solución a nuestro problema no es algo que hagamos, sino lo que Jesús el Mesías (el equivalente hebreo de «Cristo») ha hecho en su perfecta vida, muerte y resurrección. Su muerte en la cruz fue un sacrificio de expiación por nuestros pecados (v. 25), su vida de perfecta obediencia obtuvo la bondad moral que la ley exige de nosotros (5.19), y su resurrección nos lleva a la unión con nuestro santo Padre al unirnos a su santo Hijo (6.5; 8.9–11).

En Romanos vemos la materia prima para lo que la iglesia posteriormente llamaría la unión mística con Cristo. Esta es la idea de que estamos unidos a Jesús el Mesías, no solo simbólicamente, sino igual que una rama está unida al tronco de un árbol. Así que cuando Jesús murió en la cruz, nosotros morimos.

Madre Teresa (1910–1997)

La Madre Teresa fue quizás la más conocida y ampliamente admirada cristiana del siglo XX. La fundadora de los Misioneros de la Caridad (basado en Calcuta, India), dijo que fue llamada a servir a Jesús para cuidar a los más pobres entre los pobres.

«Madre», como era llamada por sus monjas y colaboradores, fue famosa por enseñar que la entrega a Dios es la clave de la libertad; los niños son «la belleza de Dios», no es cuánto hacemos, sino cuánto amor ponemos en las cosas pequeñas; cuando entregamos a Dios las cosas pequeñas, llegan a ser infinitas; cada uno de nosotros es llamado a la santidad y a la «alegría de amar».

La Madre Teresa ganó el Premio Nobel de la Paz en 1979.

Gnosticismo

El término *gnosticismo* viene de la palabra griega que significa conocimiento. El sistema de pensamiento gnóstico ha despertado un nuevo interés desde la publicación masiva de cuarenta textos gnósticos encontrados en 1945 cerca de Nag Hammadi, Egipto. Los gnósticos no creían que la pecaminosidad humana era un problema real, ya que todos tenemos (dicen) una chispa divina dentro de nosotros que puede ser encendida una vez que tengamos su conocimiento secreto. Así que no había necesidad de la cruz o la resurrección de Jesús.

Los evangelios gnósticos datan después de la compilación del canon del Nuevo Testamento. Contienen doctrinas que son radicalmente contrarias a las de los cuatro evangelios canónicos. Por ejemplo, en el Evangelio de Tomás, Jesús le dice a Tomás: «Yo no soy tu maestro» *(Logion 13)*. También enseñan que la materia es mala, y que Jesús no salvó a través de la cruz y la resurrección.

Y cuando Jesús resucitó de entre los muertos, nos levantamos con él. Pablo nos dice en otro lugar (Efesios 2.6, Colosenses 3.1) que en realidad estamos con él ahora en sus lugares celestiales, incluso mientras luchamos en la tierra. Sin embargo, cuando la resurrección general se lleve a cabo después del juicio final, nos uniremos con él en cuerpo, donde ahora solo lo estamos en espíritu.

En el capítulo 8 de Romanos, Pablo nos presenta al Espíritu Santo, la Tercera Persona de lo que los cristianos llaman la Trinidad, la forma misteriosa en la que Dios es al mismo tiempo tres personas (Padre, Hijo y Espíritu Santo). Pablo nos dice que la vida cristiana es vida en el Espíritu. En otras palabras, estamos unidos a Jesús y vamos a seguir a Jesús, pero ambas cosas se llevan a cabo por el Espíritu. Estamos unidos a Jesús por el Espíritu, y seguimos a Jesús solo por el poder del Espíritu. Esta es la razón por la cual la vida cristiana no puede entenderse sin el Espíritu. Una persona es cristiana solo si tiene al Espíritu (v. 9), por el Espíritu somos liberados de la ley del pecado y la muerte (v. 2), el Espíritu nos da vida y paz (v. 6), el Espíritu levantará nuestros cuerpos de la muerte (v. 11), por medio del Espíritu damos muerte a las fechorías de la carne (v. 13), el Espíritu nos hace hijos de Dios, y nos hace exclamar «¡Abba!» («Papá») (vv. 15–16), el Espíritu nos ayuda a orar en nuestra debilidad (v. 26), el Espíritu intercede por nosotros de acuerdo a la voluntad de Dios (v. 27).

En el capítulo 12, Pablo describe la vida ética del cristiano. No está conformado a los caminos del mundo, pero es transformado por la renovación de su mente (v. 2), no piensa de sí mismo demasiado alto (v. 3), practica el amor y odia la maldad (v. 9), es generoso y hospitalario (v. 13), y no busca la venganza (vv. 14, 17, 19–20), y trata de vivir en paz con los demás, en lo que sea posible sin comprometer su fe (v. 18).

En los capítulos 14 y 15, Pablo escribe a los creyentes cómo llevarse bien los unos con otros. No deben pelear por asuntos menores, incluso pueden estar en desacuerdo cuando no afecte cuestiones fundamentales de la fe. Y lo más importante, no deben juzgar los corazones de otros que estén en desacuerdo con ellos (14.10, 13).

Esta y otras secciones muestran la preocupación de Pablo por la iglesia. Él lo consideraba indispensable para la fe cristiana. De hecho, dijo que la iglesia es «el cuerpo de Cristo» (1 Corintios 12.27), y lo dijo en una carta dirigida a una ¡iglesia disfuncional! En otras palabras, cuando estamos en un cuerpo local de creyentes, en realidad estamos conectados a la vida de Cristo mismo. La otra cara de esto es inquietante: si dejamos de participar en la iglesia, nos estamos separando de la vida de Cristo. Esta es una frase dura, pero es importante en esta época en la que está de moda decir: «Yo soy espiritual pero no me gusta la religión organizada». Jesús organizó a sus seguidores y estableció disposiciones claras para que los discípulos que vinieran después continuaran esta organización (Mateo 16.18).

La ortodoxia oriental y el pentecostalismo

Hasta hace poco el cristianismo se creía que estaba divido en tres grupos principales: catolicismo, protestantismo y ortodoxia Oriental. Pero en las últimas dos décadas, con el crecimiento explosivo del cristianismo pentecostal en China y en el Sur Global, el pentecostalismo se está convirtiendo en una cuarta rama principal de la iglesia mundial.

Los ortodoxos Orientales comprenden 220 millones de creyentes en Rusia, Serbia, Grecia, Polonia, Georgia, y en otras zonas de Europa del Este, bajo los «patriarcas» de Constantinopla, Alejandría, Antioquía y Jerusalén. Rechazan la autoridad del Papa en Roma; miran a los siete concilios «ecuménicos» (desde el año 325 a 787) y a los padres griegos de la iglesia para su enseñanza; rechazan el *filioque* romano en el Credo de Nicea (el Espíritu procede «también del Hijo», así como del Padre); los sacerdotes se casan, pero los obispos son célibes; y veneran íconos. Los íconos son pinturas de Cristo, sus apóstoles y santos que están pintados por artesanos capacitados tanto espiritual como artísticamente, y son considerados por los ortodoxos como «ventanas hacia adentro de lo divino».

El pentecostalismo representa el grupo de crecimiento religioso más rápido en el mundo con seiscientos millones de creyentes. Es la variedad más grande del cristianismo en China y puede comprender la iglesia nacional más grande del mundo (ochenta a cien millones). Se llama así debido al uso de los «dones pentecostales», descrito en 1 Corintios 12–14 y el libro de los Hechos: lenguas, profecía y discernimiento de espíritus, sanidad, y otros.

La expansión del cristianismo

Uno podría pensar que una nueva religión, cuyo fundador fue ejecutado de una manera humillante y bárbara (Jesús probablemente fue desnudado antes de ser clavado en la cruz) y quien exhortó a sus seguidores a prepararse para lo mismo, no prosperaría. Pero ocurrió todo lo contrario. Este pequeño movimiento, cuyos miembros fueron perseguidos desde sus primeros días, creció a pasos agigantados. Después de un comienzo pequeño y temeroso del poderoso

Imperio Romano, y compuesto en su mayoría por los pobres y marginados, con el tiempo conquistó a este mismo imperio en menos de tres siglos.

El historiador Kenneth Scott Latourette una vez enumeró una serie de razones para este cambio histórico sin precedentes:[1]

1. *Convicción ardiente* que venció la competencia. Estos primeros creyentes sabían que su Dios (por supuesto, el único Dios) había venido a la tierra para adentrarse en la historia auténtica de salvar a la humanidad. También sabían que él resucitó de la muerte, confirmando así que lo que había sucedido en la cruz no fue una tragedia sino una victoria. No había nada en las religiones griegas y romanas, incluyendo sus religiones misteriosas, que ni se aproximaba a tener a un dios auténtico que entrara en la historia auténtica.
2. *Poder* para una vida moral. Los estoicos también enseñaban una vida moral que atrajo a muchos. Pero no había ningún poder interno conectado a esa religión. Solo la iglesia cristiana podría decir que tenía el Espíritu de Dios, que les permitía vivir una vida moral ejemplar.
3. La *alegría y evidente valentía de los mártires*. Millones de personas en el imperio vieron y oyeron la sacrificada consagración de miles de cristianos que soportaron el sufrimiento y la muerte en lugar de comprometer su fe. Su ejemplo público inspiró a miles más.
4. La *coherencia intelectual* de la fe. La teología cristiana primitiva respondía a las preguntas más básicas de la vida con coherencia y sofisticación. En el segundo siglo, por ejemplo, Justino Mártir se había dedicado a la filosofía griega, pero luego encontró que el Logos (la palabra estoica para el principio organizador del cosmos) había tomado forma histórica en Jesús de Nazaret. El gran San Agustín quedó impresionado por la encarnación y la humildad de Jesús, ninguno de los cuales se había encontrado en el neoplatonismo.

5. *Compañerismo y amistad* en medio de un gigantesco imperio impersonal. Las iglesias cristianas, a pesar de sus divisiones, fueron las asociaciones más inclusivas y fuertes en el imperio. Se preocupaban por sus pobres, encarcelados, ancianos y enfermos. En momentos de aflicción compartían comida y dinero. Los creyentes podían encontrar amigos, sin importar la ciudad que visitaban. Solo los judíos tenían una red internacional de ayuda, aunque la suya era racial. La iglesia cristiana atraía a hombres y mujeres de todas las razas y clases. Proporcionaba sentido tanto para el sencillo como para el erudito. La membresía en las religiones de misterio paganas era a menudo costosa, pero la iglesia era gratis, y la mayoría de los miembros eran pobres.

El código Da Vinci

El libro con mega ventas *El código Da Vinci* sugiere que el verdadero pero reprimido cristianismo era en realidad un culto a diosas, encontrado en tales obras como el Evangelio de Felipe y el Evangelio de María; que los líderes de la iglesia, quienes odiaban a la mujer, eliminaron la divinidad femenina de sus Evangelios, y que Jesús no era Dios en el Nuevo Testamento, pero fue hecho divino por el emperador Constantino en el siglo IV.

Esto hace que sea una novela increíble, pero no tiene ningún fundamento de base histórico. En primer lugar, el gnosticismo (ver recuadro) y su celebración de la divinidad femenina no surge hasta el siglo II, después que los libros del Nuevo Testamento fueron escritos. En segundo lugar, Jesús fue considerado divino desde el principio, como lo demuestran los evangelios. Por ejemplo, cuando Jesús le dice al paralítico: «Tus pecados te son perdonados» (Marcos 2.5), los judíos estaban indignados, llamándolo blasfemia y diciendo: «¿Quién puede perdonar pecados sino sólo Dios?» (v. 7). Así que Jesús estaba afirmando su divinidad al comienzo de su ministerio en este, el primer evangelio.

6. *Altos estándares morales.* Todas las demás religiones excepto el judaísmo permitían a sus devotos participar en los cultos que a menudo incluían celebraciones inmorales de embriaguez y libertinaje sexual. El infanticidio y el aborto también estaban extendidos. Los cristianos condenaban todas estas cosas. Tenían normas que parecían fuera del alcance humano, pero al mismo tiempo, prometían un poder que crecería en ellos.
7. *La promesa de inmortalidad.* La mayoría de las religiones grecorromanas prometían la inmortalidad solo para las

superestrellas del estado o, en el caso de las religiones místicas, para aquellos que podían pagar sus ritos. Pero la iglesia cristiana ofrecía la promesa de una resurrección para todos los creyentes, ricos o pobres, élite o plebeyos.

Protestantes y católicos

En esta última parte del capítulo, voy a responder a algunas preguntas que mis alumnos suelen hacer. La primera es lo que separa a católicos y protestantes. En primer lugar les digo que la distinción más básica es que los protestantes consideran que Dios viene a los creyentes a través de la Palabra predicada y leída, y los católicos dicen que Dios generalmente viene a través de la «mediación» de la iglesia. Varias diferencias derivan de esa distinción básica:

1. *Autoridad.* Los católicos dicen que su apelación final a la verdad y la moralidad es el *magisterio,* o una colección de tradiciones católicas romanas. Los protestantes apelan directamente a la Biblia. Los protestantes dicen que siguen la Palabra de Dios en vez de palabras humanas, pero los católicos dicen que el Espíritu Santo ha inspirado al *magisterio* para interpretar la Biblia correctamente.
2. *Salvación.* En sus teologías oficiales, tanto católicos como protestantes dicen que es la obra de Jesucristo, y no nuestras propias obras, lo que nos salva, y que recibimos el beneficio de esta obra por medio de la fe activa en el amor. Los católicos tienden a destacar las obras de amor, los protestantes enfatizan la fe misma.
3. *Ministerio.* Los católicos dicen que se recibe la gracia de Cristo particularmente a través de los siete sacramentos administrados por sacerdotes, que reciben una marca indeleble, cuando son ordenados. La mayoría de denominaciones protestantes ordenan a mujeres, pero no creen en la marca indeleble en el ordenado.

4. *Culto.* La misa católica tiene un sermón, que suele ser corto y lleva a su culminación en la Eucaristía (la comunión). Los protestantes generalmente creen que la predicación de la Palabra es la culminación del servicio, por lo que sus sermones suelen ser más largos.
5. *Apócrifos.* Estos son libros como Tobías, 1 y 2 Macabeos y Sabiduría, que se encuentran en la Biblia católica, pero no en las Biblias protestantes. Los patriarcas en general, los consideraban inspirados, pero Lutero y Calvino los rechazaron porque la mayoría de los judíos israelitas en los tiempos de Jesús no los pusieron en el Antiguo Testamento canónico, y los católicos los usaban para apoyar algunas doctrinas debatidas como el purgatorio.
6. *María y los santos.* Los católicos oran a María y a los santos, pidiéndoles que intercedan por ellos ante la Trinidad, pero los protestantes no lo hacen. Los católicos dicen que es como pedirle a otro cristiano sobre la tierra interceder: los protestantes dicen que no hay ningún precedente bíblico para ello.
7. *Purgatorio.* Los católicos creen que es un lugar o estado en que se purgan los pecados de aquellos en camino al cielo antes de encontrarse con el Santísimo Dios. Los protestantes no lo encuentran en la Biblia.

Denominaciones protestantes

Martín Lutero (1483–1546) comenzó la Reforma Protestante y el grupo que más tarde tomó su nombre: los *luteranos.* Él y sus seguidores sostienen tres *solas: sola gratia* (solo la gracia), *sola scriptura* (solo la Escritura) y *sola fidei* (solo la fe). Es decir, sostienen que los seres humanos somos salvos por gracia, que significa un regalo (la obra de Cristo en la cruz por ellos), creen que nuestra autoridad final es la Biblia únicamente y no la tradición humana o razón no sometida a revelación: y afirman que recibimos ese regalo no por nuestras buenas obras, sino por la fe. Los luteranos rechazaron la transubstanciación católica (el pan y el vino en la comunión cambian su sustancia en el cuerpo y la sangre de Cristo), pero creen en una presencia real en la que el cuerpo y la sangre de Cristo están «en, con y debajo de» el pan y el vino.

Los *episcopales* son la rama norteamericana de la congregación mundial anglicana, comenzada por la Iglesia de Inglaterra, que en el siglo XVI siguió a Lutero alejándose de Roma. Los anglicanos conservaron lo esencial del culto católico pero añadieron la doctrina de Lutero de la justificación (salvación por fe) y el énfasis en la predicación, y en la doctrina de Calvino de la santificación (el proceso de llegar a ser santo). Su Libro de Oración Común es considerado como la forma literaria más hermosa del culto en el idioma inglés.

Los *presbiterianos* son descendientes de la rama reformada de la Reforma del siglo XVI, especialmente la obra de Juan Calvino (1509–1564) y Ulrico Zuinglio (1484–1531). Calvino decía que todas las iglesias de una área deberían estar dirigidas por un grupo de ancianos con ministros, conocidos colectivamente como «el presbiterio»: de ahí el nombre. Los reformados también creen en una presencia real en la comunión, pero de un sentido más «espiritual». Ponen mucho énfasis en la santificación.

Los *bautistas* son descendientes de los anabaptistas del siglo XVI, quienes decían que la fe requiere una decisión. Por eso los cristianos que fueron bautizados como infantes necesitan ser bautizados de nuevo (*ana* en griego) y por inmersión después de hacer una decisión por Cristo. Los bautistas americanos fueron influenciados por los bautistas ingleses del siglo XVII quienes creían en una guerra justa, a diferencia de los anabaptistas alemanes quienes eran pacifistas. Los menonitas y los amish de hoy son descendientes de los anabaptistas del siglo XVI. Todos estos grupos creen que una congregación local (no un cuerpo nacional) debe gobernarse a sí misma; también rechazan una liturgia establecida.

Los *metodistas* provienen de El Gran Despertar inglés del siglo XVIII, dirigida por John Wesley (1703–1791). Wesley fue un sacerdote en la Iglesia de Inglaterra, quien fue obligado a salir de la iglesia y a los campos abiertos para predicar la necesidad de nacer de nuevo, porque la iglesia establecida no le permitía hacerlo. Wesley enseñaba la justificación por la fe, junto con la búsqueda de la santidad, al mismo tiempo que valoraba la liturgia y la eucaristía.

Las diferencias observadas en estas denominaciones no son tan grandes como la brecha más profunda que atraviesa cada una de estas denominaciones, entre las que se denominan «progresistas» y «ortodoxas». Los primeros tienen la tendencia de usar la experiencia moderna y las ciencias sociales para juzgar lo que pueden aceptar de la Biblia, mientras que las últimas apuntan a la visión bíblica y a la historia de la tradición teológica como sus piedras angulares. Esta diferencia de enfoque conduce a conclusiones diferentes sobre la sexualidad (a la vanguardia del debate de hoy), si Jesús es el único camino hacia Dios, y si el retrato del Nuevo Testamento de Jesús y los apóstoles ofrece el estándar final de verdad y moralidad.

Evangélicos y fundamentalistas

Esta última distinción es la más malentendida hoy en día. Mucha gente piensa que los cristianos evangélicos y cristianos fundamentalistas son los mismos, pero hay algunas diferencias importantes.

Los fundamentalistas tienen la tendencia a leer la Biblia más literalmente, mientras que los evangélicos tienden a mirar con más cuidado el género y el contexto literario e histórico. Los fundamentalistas cuestionan el valor de la cultura humana que no es creado por los cristianos o relacionado con la Biblia, mientras que los evangélicos ven «la gracia común» de Dios trabajando en y a través de toda la cultura humana. Muchos fundamentalistas tienden a limitar su testimonio social a las protestas contra la práctica homosexual y el aborto, pero muchos evangélicos también quieren luchar contra racismo, sexismo, y pobreza. A menudo, los fundamentalistas quieren separarse de los cristianos liberales (que a veces significa para ellos los evangélicos), mientras que los evangélicos están más dispuestos a trabajar con otros cristianos apuntando a metas sociales y religiosas comunes.

Si bien ambos grupos predican salvación por gracia, los fundamentalistas tienden a enfocar demasiado en las reglas y restricciones («esto se puede hacer, esto no se puede hacer») con lo que sus oyentes pueden tener la impresión de que el cristianismo significa seguir reglas de comportamiento. Los evangélicos, por otro lado, se centran más en la persona y obra de Cristo y la relación personal con él, como el corazón de la fe cristiana.

6

Sintoísmo

La religión nacional de Japón

Comencemos nuestra exploración de la religión nacional del Japón mediante la definición de dos importantes palabras, *Shinto* y *Japón*.

Shinto significa «el camino de los dioses». Los dioses (llamados *kami*) son las deidades del cielo y la tierra, la nación y la localidad.

Los japoneses veneran a sus *kami*, pero no en la forma en que los cristianos adoran a Jesús. Casi no existe una relación personal. Los *kami* son considerados mucho más distantes y por lo tanto la devoción a ellos es reservada y formal.

La palabra *Japón* significa «origen del sol» o «tierra del sol naciente». Esta idea de que los japoneses están conectados al sol comienza con un mito que está al centro del sintoísmo.

El mito de la diosa del sol

La historia japonesa de orígenes nacionales proviene del mito de la diosa del sol. El registro más antiguo surge del año 720 A.D. Se dice que el mundo comenzó en un estado de caos primordial, de la cual surgió una sucesión de siete generaciones de dioses. La séptima son los dioses hermano y hermana, llamados Izanagi (hermano) e Izanami (hermana), que se convierten en marido y mujer. Su orina, las heces y el vómito se convierten en matera, tierra y océano. Ellos crean los dioses (*kami*) de la naturaleza (podríamos mejor llamarlos «espíritus»), y luego tres dioses principales: Amaterasu Omikami, la diosa del sol, el dios de la luna: y Susanowo, el dios de las tormentas y los mares.

En seguida hay una pelea entre marido (Izanagi) y esposa (Izanami), e Izanami muere como resultado. Pero, en cierto sentido ella todavía está viva, ya que desciende a la tierra de la muerte y la oscuridad, donde está cubierta de gusanos. Izanagi la sigue en duelo, pero cuando ella le suplica no mirar su condición vergonzosa, ignora su petición y le dice que se divorciará de ella (no está claro cómo puede estar muerta y divorciada al mismo tiempo). En represalia, ella declara que matará a mil seres humanos que le pertenecen (los seres humanos fueron creados, junto con los *kami* y por tanto no son tan diferentes). Sin embargo, él le grita con ira: «¡Si haces eso, cada día crearé mil quinientos nuevos!». Cuando sale del mundo inferior, se quita los demonios impuros que se han adherido a él. Los historiadores dicen que esto explica la obsesión japonesa con la pureza y su creencia en los demonios.

La diosa del sol y su hermano Susanowo entonces se convierten en los gobernantes de este mundo. Ella es la fuente de toda fuerza de vida, alimentación, agricultura, vida y orden. Él es rebelde, salvaje, arrogante, por lo que causa gran parte de los problemas que vemos a nuestro alrededor. Cuando destruyó los campos de arroz de la diosa del sol y contaminó su festival, ella se escondió en una cueva, lo cual hizo que el mundo se hundiera en oscuridad. Solo cuando los *kam*i produjeron un espejo y joyas (los objetos sagrados del sintoísmo), fue persuadida a que saliera. Negoció con su hermano, y acordaron que ella podría retener el control sobre este mundo, y él sobre los mundos misteriosos de la magia, los demonios y la astrología.

Es importante destacar que la historia sugiere que Susanowo (el hermano de la diosa del Sol) no tenía *intención* de hacer mal, sino que lo hacía porque no sabía nada mejor y simplemente cometió algunos errores. Esta es la razón por la que el sintoísmo ve la maldad no como actos malévolos de la voluntad, sino como el resultado no intencional de la ignorancia y el error.

Etapas de la vida y sus ceremonias sintoístas

Miyomoiri o la versión sintoísta de bautismo infantil acontece un mes después del nacimiento. Padres y abuelos llevan al bebé a un templo sintoísta para expresar gratitud a los *kami* por el nacimiento, y un sacerdote sintoísta ora por la salud y felicidad del bebé.

Shichi-go-san o el festival de siete-cinco-tres del 15 de noviembre es cuando niños y niñas de tres años, niños de cinco años, y niñas de siete años, van a un templo para recibir oración por buena salud y la bendición de un sacerdote.

Las bodas se llevan a cabo en hoteles o salas de ceremonia con altares improvistos. Los sacerdotes elevan oraciones especiales y, a continuación *san-san-kudo* o «tres-tres y nueve». Este es el cambio de tres veces de las copas nupciales, en la que el novio y luego la novia beben de tres copas de sake. Al completar esto, la pareja está oficialmente casada.

Ninigi fue el nieto de la diosa del sol, que un día descendió a la tierra para asumir el poder en Japón. Se le dio una espada, así como el espejo y las joyas que se usaron para atraer a su abuela de su cueva. Se dice que *su* bisnieto fue Jimmu, el primer emperador humano japonés. Historiadores shintos dicen que Jimmu comenzó su dinastía en el 660 A.C., y fue el origen de la familia gobernante japonesa actual, que se remonta atrás al 720 A.D. De hecho, esta es la dinastía gobernante de más larga duración en el mundo.

La diosa del sol como centro

El mito de la diosa del sol es lo que une la mayor parte de la religión japonesa, incluyendo la religión tradicional e incluso el budismo. La religión popular japonesa gira en torno de la agricultura y la naturaleza, los cuales se dice que dependen de la bendición de la diosa del sol. El ritual de purificación de Nakatomi dos veces al año, el Festival de Oración anual de la Cosecha, y el Festival anual de los Primeros Frutos, están dedicados a la diosa del sol.

Nuestro culto sintoísta

Hay un altar *(kamidana)* en la sala de oración en mi casa. Dentro del altar hay un amuleto de buena suerte de madera llamado *ofuda*, envuelto en papel japonés. Esto asegura que el *kami* permanezca dentro de este lugar sagrado. En frente hay pequeños platos llenos de agua, arroz y sal, y también hojas del árbol sakaki.

Cada mañana, el arroz y el agua se cambian y oro frente al altar inclinándome dos veces, palmeando las manos dos veces, e inclinándome una vez más. Siempre oro para que mi familia tenga un día bueno y seguro.

El 1 de enero toda mi familia se reúne frente al altar y oramos uno por uno, por un año seguro y saludable. Hay una mesa especial debajo del altar donde ponemos las nueces del ginkgo, caqui y castañas secas, calamares secos y una mandarina. También bebemos sake (vino de arroz) mezclada con una hierba china especial. Creemos que esto nos ayudará a vivir una larga vida saludable.

Atsushi Kakita,
Profesor de historia japonesa en la escuela secundaria y sacerdote sintoísta
Osaka, Japón

Se puede ver la conexión de la diosa del sol con el budismo cuando los devotos del sintoísmo dicen que ella es una manifestación de un Buda. Un erudito del sintoísmo del siglo XV, Yoshida Kanetorno, impresionó a sus lectores y seguidores con la idea de que todas las deidades budistas (bodhisattvas) son manifestaciones del *kami*. Dado que la diosa del sol está en control de este mundo, y este mundo está lleno de millones de *kami*, la diosa del sol es superior a todos los dioses budistas.

Sintoísmo como religión del estado

En la restauración Meiji (1868–1912), cuando Japón se abrió al occidente, este cambió no solo políticamente sino también religiosamente. Y el uno era necesario para el otro. Políticamente, el país pasó de una dictadura a una república al estilo Occidental bajo el emperador. Religiosamente, Japón rechazó el budismo (al menos oficialmente) y apoyó al sintoísmo como la religión del estado. Los japoneses fueron obligados a inscribirse en santuarios sintoístas y los budistas fueron perseguidos. De hecho, la mayoría de los sacerdotes budistas cambiaron su lealtad de la noche a la mañana al sintoísmo, que había sido simplificado por el erudito del siglo XV, descrito anteriormente.

El establecimiento del sintoísmo como religión del estado japonés se desarrolló en tres etapas:

Los chamanes sintoístas

Un chamán es alguien que se comunica con el mundo de los espíritus. Los chamanes sintoístas o *miko*, mujeres generalmente, caen en un trance cuando piensan estar poseído por un *kami*. Los rituales chamánicos se realizan cuando son solicitados por algún individuo, por lo general para elegir una pareja para casarse o para determinar el éxito de un emprendimiento de negocios o agricultura. Se usan algunas de las sesiones para encontrar la razón de la enfermedad de alguien, o que ha sufrido algún cambio para mal. Por lo general la respuesta es que la persona ha ofendido a un *kami* por negligencia o acción o no ha participado adecuadamente en un ritual.

1. En 1870 el gobierno anunció que los kami habían fundado la nación, por lo tanto el estado y la religión así estaban unidos.
2. Después que extranjeros y budistas protestaron, se estableció un departamento de religión para ambos «religiones extranjeras» y para el budismo. Esto llegó a ser la Oficina de Santuarios y Templos. En 1872 fue permitida oficialmente la práctica del cristianismo.
3. El gobierno japonés estableció el estado sintoísta en 1882, y anunció que era no religioso. La idea era que el sintoísmo era directamente del reino divino, mientras que todas las demás religiones fueron formadas por el hombre. En este sentido, «religión» se convirtió en la palabra para filosofías hechas por el hombre.

El resultado de este proceso fue que el sintoísmo tendría un papel destacado en las mentes de la mayoría de los japoneses. También significó un nacionalismo fortalecido. Los textos escolares enseñaron el origen divino de la familia del emperador y el carácter exclusivamente divino del pueblo japonés.

El sintoísmo y la Segunda Guerra Mundial

¿No fue Pearl Harbor el resultado de esta elevación gradual del sintoísmo en el manto religioso de la nación? No exactamente.

El sintoísmo

1. Máxima preocupación: armonía con la naturaleza, animada y controlada por los *kami*
2. Visión de la realidad:
   a. Dioses: tres tipos de *kami* (ancestros del clan, poderes de la naturaleza, y almas de los emperadores muertos y héroes)
   b. Ser: la naturaleza humana es básicamente buena porque hombres y mujeres son potenciales *kami*, pero con muy poco de la naturaleza *kami*
   c. Mundo: real e impregnado con la naturaleza *kami*
3. Problema básico humano: contaminación y aislamiento de los ritmos de la naturaleza
4. Resolución: ritual sintoísta, que trae orden y armonía al cosmos

Como suele suceder muchas veces, los líderes políticos usaron la religión para sus propios fines. Esta no era la primera vez que la religión fue usada para elevar el patriotismo en el Japón, aunque anteriormente no fue el sintoísmo. En el periodo Nara (siglo VIII) fue el budismo y en el período Tokugawa (siglos XVII y XVIII) fue el neoconfucianismo. Así que no fue el sintoísmo lo que llevó a Japón a un militarismo agresivo en la Segunda Guerra Mundial, sino una élite político-militar que empleó al sintoísmo para sus propios fines.

Tras el final de la guerra, el emperador declaró, bajo presión de los estadounidenses, que él era solo un hombre y no divino. Muchos ya lo sabían, por supuesto, pero algunos devotos sintoístas quedaron aturdidos. El sintoísmo ya no fue denominado no religioso, sino que era en realidad una religión.

Hoy en día muchos japoneses son menos religiosos que antes de la guerra, tal vez debido a la asociación del sintoísmo con la derrota devastadora japonesa. La mayoría de los japoneses son indiferentes a la política del emperador, pero lo respetan, por lo menos como el principal representante de la dinastía más antigua del mundo. Más importante aun, muchos toman seriamente la coronación del emperador con el rito sintoísta Daijosai, el ritual sagrado en el que se cree que se transforma de un simple mortal a la encarnación del alma de Japón. Se convierte, en otras palabras, en un kami. Un indicio de la continua reverencia dada al emperador fue el ataque perpetrado contra el alcalde de Nagasaki en 1990, después que dijo que el emperador debería aceptar cierta responsabilidad por la guerra.

> ***Nuevas religiones japonesas***
>
> Después de la Segunda Guerra Mundial, cuando el sintoísmo fue estigmatizado por la derrota de la nación y el budismo era considerado por muchos como demasiado complejo para personas tan atareadas, nuevas religiones surgieron, prometiendo respuestas japonesas a las preguntas japonesas. Por lo general prometían que los problemas de la vida podrían resolverse a través de la fe y la adoración. Algunos practicaban curación por medio de la fe. Otros garantizaban solución a los problemas conyugales y financieros. Algunos prometían prosperidad financiera.
>
> Las «nuevas religiones» (como Tenrikyo y la Soka Gakkai) tienen varias características:
>
> 1. A menudo combinan elementos de otras religiones, diciendo que usan lo «mejor» del budismo, sintoísmo, e incluso cristianismo.
> 2. Por lo general una persona viva funciona ya sea como organizador o fundador. Este líder se considera divino o semidivino. Las enseñanzas de él o de ella se convierten en escritura revelada.
> 3. Mientras que la religión japonesa anterior asumía que eras miembro si habías sido criado en el Japón, estas religiones requieren un compromiso de fe personal.

Armonía con la naturaleza

El sintoísmo es lo que yo llamaría una religión minimalista. Tiene poco o nada de filosofía, y no hay mucha moralidad sintoísta que digamos. Se preocupa más de estar en armonía con la naturaleza.

Hay un sentido en el sintoísmo que el cosmos está desordenado y debe ser puesto de nuevo en orden. Esto se hace mediante la participación en rituales sintoístas. Así como la diosa del sol trajo orden a este mundo por su descendiente, el emperador, los devotos tienen que ayudar a poner todo en orden al unirse a los ritos y ceremonias sintoístas. Esto requiere comunión y comunicación con los kami, y esto normalmente se lleva a cabo en un santuario sintoísta.

El santuario es un lugar sagrado, marcado por puertas de madera (torii) que es la residencia particular del kami. Los sacerdotes comienzan las ceremonias purificándose a sí mismos y al espacio. Previamente se aíslan del mundo, consumen alimentos especiales, y abstienen de relaciones sexuales. Luego enjuagan su boca y transfieren contaminantes de sí mismos a un palo que se tira. Todo esto es para prepararse para la presencia de los kami.

En este punto el sacerdote llama a los *kami* para que asistan. Luego dirige la presentación de ofrendas, que incluyen arroz, frutas, verduras, sake y pescado. Se hacen oraciones de alabanza a los *kami*. Después que el sacerdote le confiere la bendición del *kami* a través de una rama de un árbol sagrado, comparte una comida con los kami, usando el alimento y la bebida recién ofrecida. El propósito de todo esto no es tanto un regalo específico o una bendición, sino sentir que están en armonía con las fuerzas de la naturaleza, que los kami controlan.

La mayoría del culto sintoísta se lleva a cabo en privado por individuos, pero de vez en cuando hay festivales públicos, conducidos por sacerdotes. Los festivales públicos están vinculados al año agrícola (por ejemplo, el festival de la cosecha y el festival de los primeros frutos). Grandes festivales (matsuri) están dirigidos por sacerdotes con cantos y música formales, y se hacen ofrendas con alimentos y sake.

La devoción privada incluye lo siguiente: Un devoto se dirige a un santuario local, que se considera la morada especial del kami local. Generalmente hay un tanque hecho de piedra con agua, donde la persona se enjuaga la boca para purificación antes de entrar. A menudo hay pequeños edificios con techo de paja para oración y meditación. El devoto puede hacer una ofrenda de dinero en una caja especial, tirar una cuerda atada a una campana, inclinarse al altar, y luego orar en silencio a los kami. Luego puede comprar una nota impresa, que le mostrará cómo los *kami* han contestado su oración. Podrá atar un pedazo de papel a las ramas de un árbol para agradecer a los *kami* por la respuesta anticipada de la oración o la prevención de una desgracia.

Devotos sintoístas también tienen un altar en el hogar, donde se veneran a los kami de sus antepasados.

Análisis cristiano

Es fácil ver que las creencias fundamentales del sintoísmo los separan mundos de la fe cristiana. En primer lugar, en el sintoísmo no hay un solo Dios creador, sino un cosmos lleno de espíritus indeterminados llamados kami. Los seres humanos no son pecadores, sino kamis en potencia. Su objetivo en la vida es encontrar paz con la naturaleza en lugar de unión con un Dios santo. En el sintoísmo no hay manera de encontrar perdón genuino si una persona japonesa oye la voz de su conciencia que clama: «¡Algo anda mal! ¡No estás bien con tu Creador!».

Dado que los adherentes creían que la diosa del sol eligió a Japón porque era especial, fue fácil para ellos en la década de 1930 creer que eran superiores al resto del mundo y tenían derecho divino para conquistarlo. La mayoría de los japoneses han aprendido de ese trágico error, y es un buen recordatorio para todos nosotros que ninguna nación, ni la nuestra , está más cerca del reino de Dios y que «hay que obedecer a Dios antes que a los hombres» (Hechos 5.29 NVI).

Una nueva religión: Soka Gakkai

Soka Gakkai significa «Sociedad de la creación de valor». Fundada en 1930 por un profesor de escuela, esta religión no se hizo popular hasta después de la Segunda Guerra Mundial. Ahora tiene millones de miembros. Sostiene que Nichiren (siglo XIII A.D.) fue su fundador y predica fe absoluta en el *Sutra del Loto*, una escritura budista Mahayana del primer siglo, que proclama al Buda terrenal como la manifestación de un principio cósmico presente en cada ser humano.

Soka Gakkai declara que todas las demás religiones son falsas. Sus miembros tienen que repetir una fórmula sagrada («Gloria a la maravillosa *Sutra del Loto*»), con la creencia de que al hacerlo, serán salvos. Se reúnen en grupos de hogar, y dos veces al día recitan su fórmula ante el altar familiar (que está limpio de todos los demás objetos religiosos) y tratan de convertir a otros.

Soka Gakkai tiene su propio partido político, el Partido Nuevo Komeito, que es una fuerza política importante en el Japón moderno. También opera una importante universidad (Universidad de Soka) en Tokio.

El sintoísmo y la industria automotriz japonesa

En una ceremonia de inauguración de un nuevo edificio corporativo, sea un edificio de alta tecnología corporativo o de industria, un sacerdote sintoísta generalmente realiza rituales de purificación y exorcismo. Por ejemplo, en el otoño de cada año, Toyota envía a sus altos ejecutivos con sus nuevos modelos de automóviles al Gran Santuario Ise en Mie Prefectura, la casa de la diosa del sol Amaterasu. Aquí los coches nuevos son bendecidos, y los espíritus malignos son expulsados.

7

Islam

La religión geopolíticamente más importante del mundo

El islam es la segunda religión más grande del mundo. En 2009 había 1570 millones de musulmanes en todo el mundo. Te sorprenderías al saber que la mayoría no viven en el Medio Oriente. Hay 203 millones en Indonesia, quienes dicen que Alá es Dios y Mahoma jefe y sello (último) de los profetas, 161 millones en India, 174 millones en Pakistán. Como puedes ver, mucho más musulmanes viven en el sur y sudeste asiático que en el Oriente Medio. Hay más de 240 millones en África subsahariana, con 78 millones en Nigeria solamente.[1]

¿Cuántos musulmanes viven en Estados Unidos? Depende de quién responde a la pregunta. Los eruditos del City College de Nueva York dicen que 1.1 millones, mientras que el Consejo de Relaciones Americano-Islámicas (CAIR), una organización musulmana, afirma entre seis y siete millones. El mejor cálculo es probablemente entre uno y dos millones.

La encuesta Pew del 2007 encontró que dos tercios de los musulmanes estadounidenses son de origen extranjero. Entre los nacidos en el extranjero, la mayoría han emigrado desde 1990. De los cerca de un tercio de estadounidenses musulmanes nativos, la mayoría son conversos y afroamericanos.

Hay alrededor de unas mil doscientos mezquitas en Estados Unidos, mas evidencian que las cifras son considerablemente menores que las reportadas por CAIR. Si en realidad hubieran cinco millones de musulmanes en Estados Unidos (y CAIR proclama más), cada mezquita serviría a casi 4200 musulmanes. Sin embargo, muchas mezquitas son pequeñas, y la más grande del país, Dar al-Hijrah, cerca de Washington, DC, tiene aproximadamente tres mil asistentes semanales.

El islam es una de las religiones de más rápido crecimiento en el mundo (el cristianismo está creciendo casi igual de rápido). Varios factores explican esto: los musulmanes son fervientes en su evangelismo (especialmente en África), su mensaje es fácil de entender (los musulmanes dicen que la teología cristiana es complicada y difícil de creer), y ofrecen al políticamente alienado la perspectiva de una transformación nacional, cambiando su derecho civil nacional a la ley islámica (la ley sharía). Pero el factor más significativo en el rápido crecimiento de islam es la tasa de natalidad. En 1997 las Naciones Unidas estimaron que una mujer en los países desarrollados por lo general dio a luz a 1,6 hijos durante su vida, mientras que en los países musulmanes más grandes, dio a luz a 5.

La palabra árabe *Islam* (literalmente, «sumisión»), apunta a la idea central de religión: sumisión a la voluntad total de Alá. *Alá* en árabe significa «el dios». Los musulmanes proclaman al mundo que solo Alá es grande y reina con control absoluto sobre cada átomo del universo. Por lo tanto, solo tiene sentido que cada uno de nosotros sujetemos cada detalle de la vida a la voluntad de Alá, como fue revelado a su último profeta Mahoma.

Mahoma

> **¿Adoran cristianos y musulmanes al mismo Dios?**
>
> En cierto sentido, cristianos y musulmanes *sí* adoran al mismo Dios. Dado que hay un solo Dios, cada vez que un musulmán hace contacto con este Dios, se conecta con el Padre de Jesucristo, si lo sabe o no.
>
> Pero en otro sentido, no lo hacen. Musulmanes y cristianos tienen diferentes ideas de cómo es Dios y cómo llegar a él. Los musulmanes están de acuerdo con los cristianos en que Dios es uno, pero niegan su naturaleza trina, su encarnación como Jesús, y la muerte y resurrección de Jesús. Están de acuerdo en que Dios es todopoderoso, pero los cristianos dicen que su poder era vulnerable (la cruz), y que se niega a forzar su poder sobre las personas. Por ejemplo, Jesús dice: «Yo estoy a la puerta y llamo. Si alguno oye mi voz y abre la puerta, yo entraré y cenaré con él» (Apocalipsis 3.20 NVI).

Mahoma (570–632 A.D.), el fundador del islam, tuvo una infancia problemática. Perdió a su padre antes que él naciera, y su madre murió cuando él tenía seis años. Entonces vivió con su abuelo, que murió dos años más tarde. El huérfano vivió el resto de su infancia con su tío. Tal vez a causa de sus angustias propias, Mahoma se convirtió en un buscador religioso, quien a menudo se retiraba en las cuevas de las montañas cerca de La Meca para meditar.

Cuando tenía cuarenta años, Mahoma dijo que el ángel Gabriel comenzó a entregarle mensajes de Alá. Los primeros mensajes aterraron a Mahoma, pero su esposa Kadija y su primo cristiano lo animaron, asegurándole que Mahoma había recibido la visita del mismo ser que había visitado a Moisés y que Dios lo estaba llamando para ser un profeta para su pueblo. Los primeros mensajes enfatizaron que hay un solo Dios (antes de Mahoma las tribus árabes adoraban a 360 dioses diferentes, siendo el principal el que se identificaba como Alá) y que cada ser humano enfrentaría el juicio de este Dios. Estos mensajes y revelaciones posteriores, todos los cuales Mahoma, que era analfabeto, dictó a sus discípulos, forman el Corán.

El Corán

El Corán es de aproximadamente la misma longitud que el Nuevo Testamento, pero las similitudes terminan ahí. El Corán fue dictado por un solo hombre (el Nuevo Testamento fue compuesto por muchos autores) y no es ni un libro de historia (como los evangelios y los Hechos de los Apóstoles), ni una vida de Mahoma (los evangelios proporcionan el significado teológico de la vida de Jesús), ni un tratado teológico (como podría considerarse la carta de Pablo a los Romanos). Al contrario, es un libro que proclama que Dios es uno y soberano, que el juicio viene y que tenemos que someternos a Alá.

Inspiración

Tú puedes encontrar estos temas en la Biblia también, pero los musulmanes y los cristianos tienen concepciones muy diferentes sobre la naturaleza de la inspiración de las Escrituras. Mientras que los cristianos creen que la Biblia es un producto conjunto de la agencia humana y divina, los musulmanes creen que su libro sagrado, no contiene ni una pizca de la influencia humana. Los cristianos por lo general quieren distinguir el estilo de escritura personal de Pablo o de las influencias culturales de la Palabra divina, por ejemplo, pero los musulmanes niegan que la personalidad de Mahoma o las afinidades culturales tengan nada que ver con las palabras del Corán. La mayoría de los musulmanes, entonces, aceptan la teoría del dictado de la inspiración lo que la mayoría de los cristianos rechazan para su Biblia. Esta es una razón por la cual muchos en la comunidad musulmana se escandalizaron por *Los versos satánicos* de Salman Rushdie.

La novela insinúa que el Corán no es la palabra de Alá, que ha sido alterado ya sea por el ángel Gabriel, o los seguidores de Mahoma que registraron por primera vez las revelaciones encomendadas al Profeta. Los musulmanes consideran que el título del libro es aun más siniestro, ya que, según la tradición islámica, las versiones iniciales de los versos del Corán sugerían la adoración de tres diosas junto a Alá. Mahoma pronto retiró esos versos, explicando que el diablo le había dado la desinformación. Ellos han sido conocidos desde entonces en la tradición islámica como los «versos satánicos». Así que la implicación del título de Rushdie es que el Corán entero, que para los musulmanes es tan sagrado como la persona de

Jesús es para los cristianos, ha sido corrompido.

El mensaje del Corán

El Corán dice a sus lectores y oyentes (estaba destinado a ser recitado en voz alta) que los seres humanos son creados por Dios para servirle y que deben evitar la idolatría, lo que significa evitar dar primera lealtad a cualquier cosa que no sea Dios: dinero, familia, raza, éxito, o la vida terrena misma.

Hay dos destinos finales: el infierno (que se castiga con agua hirviendo, pus, cadenas, viento abrasador, y la comida que se atraganta) para las personas que rechazan el mensaje del Profeta; y el paraíso, que ofrece doncellas, vino y deliciosos frutos a los que demuestran ser fieles musulmanes (y placeres comparables para las mujeres). Los musulmanes modernos dicen acerca de estos pasajes lo que muchos cristianos dicen acerca de las descripciones bíblicas del cielo y el infierno y que son simplemente formas metafóricas de decir que la presencia de Dios es agradable y la ausencia de él va a ser horrible.

El Corán enseña que el islam es la religión más simple y clara y se erige como el núcleo esencial de cualquier otra religión. Es la revelación que fue dada originalmente a Abraham, pero que se distorsionó más tarde por las tradiciones judías y cristianas. Esta es la razón por la que Alá tuvo que darla una vez más a Mahoma.

El islam y la democracia

A primera vista, no parece que el islam y la democracia son compatibles. Al-Qaeda, el Talibán, el grupo Armado Islámico de Argelia, y los líderes de Irán tienen poco o ningún uso para la democracia liberal. Pero la popularidad del yihad revolucionario está disminuyendo, y los mulás en Teherán son enormemente impopulares. Turquía es una democracia musulmana, y un clérigo pro democracia, Abdurrhaman Wahid, fue el primer Primer Ministro de Indonesia democrática, el país musulmán más grande del mundo. Y una democracia aún podría surgir de las monarquías constitucionales en Jordania y Marruecos.

Hay principios democráticos en la historia islámica. Se dio a entender que los primeros califas fueron elegidos por el pueblo, no por Dios, y se esperaba que participaran consultando con la comunidad. Así fueron vistos, de que servían por consentimiento del pueblo, bajo Dios y su ley. Recientes teóricos musulmanes han usado esta historia para abogar por un robusto intercambio de opiniones políticas, expresadas a través de elecciones.

¿Serán difundidas estas ideas en el mundo islámico? La respuesta depende de los desconocidos hechos del futuro.

Cómo adoro

Cada acto de un musulmán debe ser un acto de adoración que busca agradar a Dios. Basado en el concepto islámico de la *tawhid* (unidad), los actos de culto no pueden ser clasificados como públicos o privados, ya que los ángeles de Dios registran todos los hechos. Así, el musulmán siempre debe tener conciencia de Dios, lo que debe afectar su comportamiento. El Sagrado Corán, en *Sura 107* contiene solo siete versos cortos, pero sirve de guía para los musulmanes en la adoración consciente de Dios de una manera holística.

Aunque el Sura enfatiza la provisión de asistencia a dos grupos marginados en la sociedad humana (los huérfanos y hambrientos), se anima también a los musulmanes a participar en pequeños actos de bondad que beneficien la creación de Dios. Por ejemplo, en la última semana (1) he visitado a un amigo que recibe quimioterapia, (2) he recogido el correo y los periódicos de un vecino que está de vacaciones, y (3) he regado mis plantas y flores al aire libre, que se resecan bajo el sol de julio. Todos estos actos cumplen los requisitos descritos en este *Sura*.

Cuando asisto a la oración Jummah del viernes, oro en frente de musulmanes como no musulmanes. El *Sura* nos recuerda que debemos ser sinceros en nuestra oración y no orar para ser vistos por los demás. Solo entonces nuestras oraciones ganarán la bondad de Dios.

Dr. Reginald Shareef
Universidad de Radford, Departamento de Ciencia Política
Virginia Tech, Centro para la Administración Pública y Política

Jesús en el islamismo

Por lo general, los cristianos estadounidenses se sorprenden cuando se enteran del gran respeto que los musulmanes le tienen a Jesús. Fue el más grande de todos los profetas, dicen, hasta Mahoma. El Corán, incluso llama a Jesús «El Mesías», «la palabra de Dios», «Espíritu de Dios», y el hijo de María, que fue «fortalecido con el Espíritu Santo». Se enseña el nacimiento virginal (los musulmanes dicen que María fue la mujer más pura en toda la creación) y acepta la historicidad de todos los milagros del evangelio, a excepción de la resurrección de Jesús.

Cómo erraron los judíos y los cristianos

Los musulmanes consideran el Antiguo y Nuevo Testamento como la Palabra de Dios, pero inmediatamente añaden que judíos y cristianos han corrompido los textos en los puntos críticos. Los judíos pervirtieron la revelación original, dicen los musulmanes, por un acto de narcisismo colectivo. Tomaron un mensaje destinado a todas las naciones y la convirtieron en un anuncio exclusivo de la salvación para sí mismos, diciendo que solo ellos son el pueblo elegido. Aunque el Corán no dice nada sobre el tema, algunos musulmanes creen que los judíos sustituyeron el nombre de Isaac por el de Ismael en el libro del Génesis y, por tanto, ocultaron durante siglos la conexión árabe en la historia de la salvación.

Los musulmanes creen que los cristianos cometieron el error de convertir a Jesús en un Dios y, por lo tanto, volvieron al politeísmo que Alá prohíbe. La mayoría de los musulmanes niegan que Jesús fuera crucificado, porque el Corán dice que los judíos no mataron a Jesús ni a Dios, que «resucitó [a Jesús] para sí mismo» de una manera que recuerda a Elías. Más importante aun, los musulmanes niegan que Jesús fuera el Hijo de Dios, suponiendo que esto significaría que Dios había mantenido relaciones sexuales, lo cual es inimaginable. El islam también niega que Jesús era el Salvador, debido a su convicción de que cada uno de nosotros debe ser responsable de nuestros propios pecados. Imaginar que alguien más pueda salvarnos de nuestros pecados parece ser espiritualmente irresponsable. La mayoría de ellos están convencidos de que nadie puede recibir estos beneficios espirituales de otra persona. Yo digo «la mayoría» porque muchos musulmanes místicos (sufíes) creen que necesitan la ayuda del Profeta y su familia para la salvación.

La tradición musulmana enseña que con el tiempo tanto judaísmo como cristianismo desaparecerán, a medida que la mayoría del mundo acepte la versión monoteísta del islam. Casi todos los musulmanes creen que Jesús volverá de hecho, como creen los cristianos, pero cuando él venga, guiará al mundo de vuelta a la enseñanza original de Abraham: el islam.

Los cinco pilares

Estas son las cinco prácticas que todos los musulmanes fieles deben observar.

1. *Profesión de fe (shahada).* «No hay más dios que Alá y Mahoma es el mensajero de Alá». Basta con recitarlo en público para ser un

musulmán. Ten en cuenta lo importante que es Mahoma. Muchos musulmanes creen que nunca pecó, y que realizó muchos milagros, aunque no hay constancia de ellos en el Corán. Sus dichos y hechos, registrados con distintos grados de autenticidad en el Hadith (muchos volúmenes), contienen relatos de milagros. Estos dichos y hechos, después de ser evaluados en cuanto a su autenticidad, sirven de precedente para la ley islámica (*sharia*). Al mismo tiempo, los musulmanes insisten en que Mahoma era solo un hombre.

2. *Oración cinco veces al día (salat).* Los creyentes deben orar en dirección a la Meca por la mañana temprano, al mediodía, a media tarde, a la puesta del sol y por la noche. Pero antes de la oración en cada uno de estos tiempos, hay que lavarse los brazos, pies, boca y fosas nasales; y tres veces para cada una de estas partes del cuerpo. Las oraciones están establecidas como de alabanza y adoración. Todos los viernes hay un servicio de oración en la mezquita (aunque el viernes no es un día sagrado como lo es el domingo para los cristianos y los sábados para los judíos), con dos sermones de laicos capacitados. Las mujeres se sientan separadas de los hombres, pero la mayoría de las mujeres no asisten.

3. *Limosna (zakat).* A los sunitas se les anima a dar un dos y medio por ciento de sus ingresos, mientras que a los chiítas se les dice que aporten el veinte por ciento. (Luego veremos las diferencias entre estos dos grupos.)

4. *Ayuno durante el Ramadán (sawm).* Ramadán es un mes en el calendario islámico, que se basa en la luna, por lo que el mes difiere de un año a otro. Marca el momento en que el Corán fue revelado por primera vez a Mahoma. Durante este mes los musulmanes se abstienen de todo tipo de líquidos, alimentos, tabaco y sexo desde el amanecer hasta que oscurece. Ellos dicen que el propósito de este ayuno es para practicar el autocontrol.

5. *Peregrinación a la Meca (hajj).* Los musulmanes creen que La Meca (en la actual Arabia Saudita) es el ombligo del mundo, la ubicación del Edén, y el punto en el planeta Tierra más cercano al paraíso. Aquí se dice que Abraham, Agar e Ismael construyeron una casa de culto llamada Kaaba, que todavía existe como un cubo de piedra gigante, tapizado de negro.

Los cinco pilares

1. Profesión de fe *(shahada)*
2. Oración cinco veces al día *(salat)*
3. Limosna *(zakat)*
4. Ayuno durante el Ramadán *(sawm)*
5. Peregrinación a la Meca *(hajj)*

También fue desde aquí que Mahoma se dice que realizó su «viaje nocturno» a Jerusalén y a continuación, hacia el Paraíso y el regreso, todo ello en una sola noche. Algunos musulmanes dicen que esto es alegórico no literal. Pocos son los musulmanes que en la práctica hacen la peregrinación a La Meca; están obligados solamente si pueden permitirse el viaje y son lo suficientemente sanos como para ir.

Suníes y chiíes

Desde el 11 de septiembre del 2001, la mayoría de los norteamericanos han oído hablar de los suníes y chiítas, pero tienen poca idea de lo que los hace diferentes. Aquí están los puntos esenciales.

Los sunitas son los más numerosos, representando alrededor del ochenta y cinco por ciento de todos los musulmanes en el mundo. Su interpretación de la fe se basa en lo que los *ulamas* han dicho. Se trata de los estudiosos islámicos que han llegado a un consenso sobre lo que es verdadero y justo, sobre la base de su entendimiento del Corán y el Hadith: el registro de lo que el Profeta dijo e hizo. Los sunitas piensan que la revelación cesó con las decisiones de los primeros siglos y que los juicios de los primeros *ulamas* fueron infalibles. Algunos musulmanes modernos culpan al radicalismo islámico en esta creencia de la infalibilidad. Dicen que los *ulamas* nunca deberían haber privado el derecho de los musulmanes de pensar de manera independiente (*ijtihad*), basado en el Corán y la ley islámica.

Los suníes también creen que Mahoma no designó a un sucesor, por lo que los primeros líderes (califas) después del Profeta fueron legítimamente elegidos por la comunidad islámica. Como se verá, los chiítas están en desacuerdo con esto.

El islam

1. Preocupación fundamental: el Paraíso
2. Visión de la realidad:
    a. Dios: santo, soberano y poderoso, el Juez de todos, más distante que el Padre de Jesús, Alá nunca es llamado «Padre» en el Corán, pero está «más cerca que la vena yugular» (Corán 50.16)
    b. Ser: libertad de escoger la rectitud o la maldad
    c. Mundo: la buena creación de un Dios bueno
3. Problema humano básico: shirk (idolatría)
    a. cuando se da prioridad a cualquier cosa o persona, aparte de Alá
    b. falta de obediencia a Alá y no aceptar la revelación de su profeta Mahoma
4. Resolución: la observancia de los cinco pilares

Los sunitas en general han tenido el protagonismo en la historia islámica, y por lo tanto tienen una visión optimista de la historia. Ellos creen que el islam está en constante crecimiento y gana ascendencia en el mundo. Los últimos cincuenta años, en que las naciones musulmanas han encontrado gran riqueza petrolera bajo sus arenas, parece haber confirmado este punto de vista de muchos.

Los chiítas, por otro lado, constituyen solo quince por ciento de los musulmanes del mundo y viven principalmente en Irán y en el sur de Irak. Ellos deben su nombre a las luchas sobre el sucesor de Mahoma, después de lo cual se separaron de la mayoría para formar su propio partido distinto (Chií). Los chiitas creen que el sucesor de Mahoma desciende de su familia y que el Profeta eligió a Alí, su primo y yerno. Pero puesto que la comunidad musulmana eligió a Abu Bakr y a varios otros califas fuera de la familia, los chiítas consideran tres de los cuatro primeros califas (uno era Alí) como ilegítimos.

El acontecimiento más importante en la historia de los chiítas fue el martirio en el año 680 del hijo de Alí, Hussein, quien encabezó un levantamiento en contra de uno de los califas «ilegítimos». Hussein se ha convertido en el símbolo chiíta de la resistencia a la tiranía, y hasta el día de hoy la dramatización de su martirio es el acto central de la piedad chií.

El grupo más grande dentro de la fe chiíta se conoce como los duodecimanos. Ellos creen que el líder que estaba en la línea final de Mahoma, el duodécimo imán (líder de la oración), todavía está vivo invisiblemente y va a volver visible al final de la historia para liberar al mundo del mal. El presidente de Irán, Mahmoud Ahmadinejad, ha dicho públicamente que el objetivo de la revolución iraní (que comenzó en 1979 por el ayatolá Jomeini) es allanar el camino para (el «Giador» o redentor) el retorno del Mahdi.

Otros prominentes líderes chiítas, sin embargo, no están de acuerdo. El ayatolá iraquí Ali al-Sistani enseña que la venida del Mahdi no puede ser acelerada por la actividad humana.

La disidencia radical musulmana contra el islam

El profesor de derecho de la universidad UCLA, Khaled Abou El Fadl, sobrevivió a la tortura en Egipto y huyó a Estados Unidos. Condenó públicamente los atentados del 11 de septiembre del 2001 y dice que el verdadero choque que implica el islam no es entre civilizaciones, sino dentro del islam en sí.

El Fadl apela a un «islam plural, tolerante y no violento». Él dice que el islam se sostiene sobre dos verdades fundacionales: la misericordia y la moderación. Estos son los conceptos clave del Corán, y deben ser los lentes a través de los cuales se lee el Corán. Él culpa a los wahabíes, financiados por el petróleo saudí, por el terrorismo y pide a la «mayoría silenciosa» de los musulmanes que rescaten el alma del islam de una «minoría militante y fanática».

El Fadl recibe amenazas de muerte por criticar lo que él llama «puritanos» y su interpretación restrictiva del Corán.

Durante la mayor parte de su historia, los chiíes han carecido de poder, han estado marginados y oprimidos, a menudo por los sunitas. Ellos no han tenido mucha esperanza para el crecimiento de su movimiento en este mundo. Por tanto, su reciente éxito en la revolución iraní (1979 hasta el presente) y ahora en Irak, ha dado esperanzas a algunos por el pronto retorno del Mahdi.

El islam y la violencia

Algunos han atribuido el horror del 11 de septiembre a la yihad islámica, que se traduce generalmente como «guerra santa». Pero esto es engañoso. Los musulmanes dividen la yihad en dos categorías: La mayor y la menor. La yihad mayor es la guerra (literalmente, «lucha») dentro de uno mismo contra el propio mal. La yihad menor es la defensa contra los ataques agresivos contra el islam. Estas acciones no necesariamente constituyen un conflicto armado, sino que simplemente se puede expresar con un bolígrafo o la voz. Mientras que los musulmanes radicales piensan hoy que la yihad debe llevarse a todo el mundo, la corriente principal a través de la mayor parte de su historia ha dicho que el conflicto armado ha de ser principalmente el defensivo y estrictamente regulado.

Mahoma escribió:

> Luchad en el camino de Dios contra quienes combatan contra vosotros, pero no empecéis las hostilidades. ¡Hey! Dios no ama a los agresores... No hay coacción en la religión... Dios no te prohíbe tratar con amabilidad y justicia a los que luchan, excepto por tu religión o si te quieren expulsar de tu hogar.[2]

El primer líder musulmán después de Mahoma, Abu Bah, escribió:

> Yo te enseñaré en diez temas: No matar a las mujeres, niños, viejos, o enfermos; no cortar los árboles frutales: no destruir cualquier ciudad, no matar a las ovejas o los camellos, excepto para comerlos, no quemar árboles o sumergirlos, no robar el botín y no ser cobarde.[3]

El Corán dice que si matas a una persona sin razón, es como si mataras a toda la humanidad (5.32). Al mismo tiempo, el Corán ordena a sus lectores «matad a los idólatras dondequiera que los encuentres» (9.5). Algunos eruditos musulmanes dicen que se trataba de una orden dada en el calor de la lucha de la primera comunidad por la supervivencia, y señalan a algunos pasajes del Corán, como la famosa condena a la coerción religiosa en 2.256: «No hay [no debiera haber] coacción en religión». También dicen que el Corán promueve la diversidad religiosa, como 5.48: «Para cada uno de vosotros [los pueblos] Nosotros [Dios] ha dado una ley y un camino y un patrón de vida. Si Dios hubiera querido, sin duda podría haberos hecho un pueblo (uno profesando fe). Pero quería probarlos por la que Él les ha dado». Esta es la traducción en la edición del Corán de Princeton University Press, y la frase de «profesando una fe» no está en el árabe. El traductor de esta edición piensa que está implícito, y que es la interpretación que El Fadl (ver el recuadro de la disidencia musulmana) y otros musulmanes «liberales» ven en este y otros pasajes (11.118–19; 49.13).

Pero mientras que muchos musulmanes condenan el terrorismo utilizado por sus correligionarios radicales, hay un vínculo histórico entre el islam y la acción agresiva política y militar. Mahoma fue militar y político, así como un líder religioso. Él sirvió tanto como profeta y comandante, como predicador y soldado, como imán y magistrado. La primera comunidad de musulmanes era una amalgama sociopolítico-religiosa y el islam tradicional ha enseñado que el gobierno debe hacer cumplir la ley islámica o sharia, por lo que islam ha demostrado por lo general una mayor unidad orgánica entre este mundo y las preocupaciones del otro mundo que lo se ve en el cristianismo. A veces, los líderes musulmanes se han aprovechado de pasajes,

El wahabismo

Desde el siglo XVIII una secta radical islámica llamada wahabismo ha ido creciendo en la Península Arábiga. En el siglo XX se unió a la familia real saudita y, con su riqueza petrolera, ha extendido sus enseñanzas del tipo talibán por las mezquitas de todo el mundo. Los wahabíes prohíben el lujo, rechazan mil cuatrocientos años de desarrollo e interpretación de la teología y la mística musulmana, y consideran a todos los musulmanes que no están de acuerdo con ellos como herejes, especialmente los chiíes. La utopía política wahabí fue el totalitarismo cruel de Afganistán bajo los talibanes.

Los wahabíes dicen que puesto que ningún estado islámico es legítimo ahora, la yihad (la «menor» yihad, lo que significa la guerra contra los infieles, los no musulmanes) es ahora el deber de todo musulmán.

En la Navidad del 2002, los wahabíes emitieron una fatwa (decreto ley), que prohíbe a los musulmanes desear a sus vecinos cristianos una Feliz Navidad.

Diferencias entre sunitas y chiítas

1. La mayoría de los chiíes viven en Irán e Irak y representan el quince ciento de los musulmanes del mundo.
2. La autoridad final para los sunitas es el consenso de los eruditos religiosos basados en el Corán y el *Hadith;* los chiítas creen en la nueva revelación (pero no en conflicto con el Corán, insisten) de llegar a los imanes chiítas del duodécimo imán.
3. Los sunitas no creen que Mahoma designó un sucesor, pero los chiítas dicen que nombró a Alí, su yerno, cuñado y primo.

como «matad a los idólatras» (al igual que la enseñanza islámica de que los guerreros que mueren en una guerra santa irán directamente al paraíso y evitarán los años de sufrimiento en el purgatorio), cuando han tratado de reunir al pueblo para la guerra.

El islam y Occidente

Aunque solo una minoría de los musulmanes expresan un gran desprecio hacia Occidente («Estados Unidos es el Gran Satán», por ejemplo), muchos musulmanes tienen reservas al respecto. Ellos aprecian y utilizan su tecnología, pero ven en la cultura occidental una amenaza a la suya ya que representa la modernización sin control moral. Los musulmanes ponen gran énfasis en la integridad de la familia nuclear y se enorgullecen de la estabilidad de sus familias. Ven nuestros valores occidentales como el individualismo y la permisividad sexual como destructivos para la vida familiar. Son plenamente conscientes de las crecientes tasas de divorcio, aborto, pornografía, crimen, y la adicción química (muchos de los cuales se transmite a sus países a través de películas, televisión e Internet) y se preguntan por qué los estadounidenses desprecian la cultura musulmana.

Algunos musulmanes ven a Occidente, especialmente los Estados Unidos, como irreligioso y ateo a causa de nuestra separación de iglesia y estado. Los musulmanes argumentan que si Dios es soberano sobre el cosmos, entonces todos los aspectos de la vida, incluido el estado deben estar bajo el imperio de sus leyes. La ley islámica (sharia), por lo tanto, debe servir como un conjunto de principios fundamentales para informar a las leyes de cada nación en la tierra.

Los musulmanes militantes perciben que Occidente está decidido a destruir el islam (a pesar que las últimas grandes intervenciones estadounidenses en el extranjero, en Kuwait, Somalia, los Balcanes, e incluso Irak se llevaron a cabo en defensa de las naciones musulmanas). Un ingeniero musulmán educado en Occidente, me preguntó una vez (antes que Pakistán tuviera armas nucleares), «¿Por qué los Estados Unidos permiten a la India, Israel y Sudáfrica tener armas nucleares, pero no a Irak o

Pakistán?». Muchos musulmanes creen que hay una conspiración sionista-estadounidense para reducir las naciones del Medio Oriente a su condición de antiguas colonias bajo la dominación occidental. Ellos ven a Israel como estado socio de Estados Unidos y creen que los grupos de presión judíos dictan la política del gobierno estadounidense. A medida que la guerra en Irak ha progresado, más y más musulmanes han concluido que Estados Unidos están decidido a controlar el petróleo y el Medio Oriente.

Sin embargo, estas sospechas están muy lejos del odio venenoso que enseña a jóvenes para volar aviones como misiles contra rascacielos, matando a miles de personas inocentes. La génesis de esta barbarie no se encuentra en el islam, sino en el islamismo, el término que algunos estudiosos utilizan para distinguir la corriente principal del islam de la ideología terrorista del siglo XX vista por primera vez en el ayatolá Jomeini. El término islamismo es preferido por muchos estudiosos al popular término fundamentalismo islámico, que fue acuñado por los medios de comunicación occidentales y se utiliza para denigrar a los cristianos conservadores («fundamentalistas») en occidente al asociarlos con la violencia islámica. En el *New York Times Magazine*, Jeffrey Goldberg, describió la manera en que los

Osama bin Laden y Al-Qaeda

De acuerdo con Paul Marshall, de origen británico y experto en conflictos religiosos internacionales, Estados Unidos no es el primero en la lista de las cosas que odiaba Bin Laden. En primer lugar es su país, Arabia Saudita, por coquetear con las potencias occidentales y permitir que las tropas estadounidenses se estacionaran en suelo sagrado, donde Mahoma recibió sus revelaciones. En segundo lugar estaban los gobiernos árabes moderados, como Egipto, Jordania y Malasia, que Bin Laden sentía que se habían vendido a Occidente. En tercer lugar están los que, en su opinión, oprimían a los musulmanes, incluido Israel, Rusia (a causa de Chechenia), la India (a causa de Cachemira), Estados Unidos y varios otros países.

Marshall dice que Bin Laden calculaba que no podía hacer nada acerca de los dos primeros grupos porque Estados Unidos los estaba protegiendo. Entonces, Estados Unidos, su guardaespaldas, debía ser destruido primero. El nombre oficial de Al-Qaeda de Bin Laden es el «Frente Islámico Mundial para la Guerra Santa contra los judíos y los cruzados». Al-Qaeda considera que los judíos son aliados con el Occidente cristiano y ve a Estados Unidos y Europa, como los cruzados, la continuación de las Cruzadas medievales de la conquista y el saqueo de los países musulmanes. Bin Laden pensaba que los judíos controlaban estos países «cristianos» por su influencia en los medios de comunicación y gobierno estadounidense. Los objetivos de Al-Qaeda, por lo tanto, son dos: imponer su versión distorsionada del islam en el mundo musulmán y luego imponer este islamismo en el resto del mundo.

defensores del islamismo sacan a los niños como de ocho años de edad de la pobreza extrema y los ponen en escuelas especiales, aislados de toda educación secular, del arte, la música, las mujeres y el islam dominante. Se les adoctrina, día tras día en la teología, ética y visión del mundo de islamismo violento. No hay puntos de vista diferentes del Corán, solo el aprendizaje de memoria de cuestiones preestablecidas y las dosis extra de veneno antisemita. Una red terrorista en todo el mundo les da a estos niños una educación sin costo alguno para ellos, pagan su alojamiento y comida, ropa, maestros, y edificios, dándoles a continuación puestos de trabajo en organizaciones como los talibanes.[4]

Tu vecino musulmán

Tal vez tienes un vecino musulmán o compañero de trabajo y te has preguntado cómo hacer amistad con él o ella y fomentar la apertura al evangelio. ¿Cómo compartir el amor de Cristo con los musulmanes?

Aquí hay algunas ideas.

1. Muestra un interés real en la fe de tu vecino musulmán. Estúdiala. Este capítulo es un buen comienzo.

2. Sé lento en criticar. Un musulmán recién convertido a la fe cristiana en la India, dijo: «No discuta sobre cualquiera de las faltas o las debilidades del islam ni hable mal de Mahoma ni el Corán. Hable con los musulmanes acerca de Jesús, sus historias y milagros». Puedes sorprenderte al saber que Jesús es el personaje más destacado en el Corán. Como vimos anteriormente en este capítulo, los musulmanes suelen tener un gran respeto por Jesús. Construye sobre este respeto y pregúntale a tu amigo si le gustaría leer el Injil (Nuevo Testamento) para aprender más acerca de Jesús.

3. Para los musulmanes es muy difícil comprender cómo Jesús puede ser Dios. A ellos les parece politeísta o blasfemo incluso decir que Dios tiene un Hijo. Como hemos visto, para la mayoría de los musulmanes requeriría que Dios se involucrara en relaciones sexuales, lo cual es impensable. Sin embargo, tú puedes explicarle que los cristianos están de acuerdo en que Dios no tuvo relaciones sexuales, pero que incluso el

Corán llama a Jesús el Mesías (Corán 3.45), y los evangelios dicen que es el Señor y proclamó el poder para perdonar los pecados. Solo Dios tiene esa autoridad.

4. La encarnación es igualmente difícil para los musulmanes. Charles White, un misionero en regiones musulmanas de África, solía decir a sus alumnos sobre el hombre que se convirtió en una hormiga. Él vio las hormigas que entraban en una casa en la que se envenenarían. Él les dijo una y otra vez que no entraran, pero no lo escucharon. Finalmente, el hombre se convirtió en una hormiga por lo que las otras hormigas podían escuchar y entender. Al convertirse en una de ellas, este hombre fue capaz de salvar a las hormigas de la destrucción. Esta historia ayudó a los musulmanes a entender por qué Dios se hizo hombre en Jesucristo.

5. La encarnación podría ser un poco más fácil para los chiíes de entender, porque ellos creen que la sustancia divina de Mahoma pasa de imán a imán. Se les puede decir de una manera similar que la sustancia divina pasó para decirlo así, desde el Padre al Hijo.

El islam y la mujer

Las feministas musulmanas dicen que el islam era igualitario al inicio y la evidencia de esto se encuentra en el Corán. Se sienten alentadas por lo que Mahoma hizo por las mujeres al prohibir el infanticidio femenino, algo común entonces, e insistiendo en los derechos de la mujer a la propiedad, herencia, educación, y divorcio. Apuntan a Khadiya, la primera esposa de Mahoma, que era una mujer de negocios, y sus esposas postreras, que enseñaron tanto a hombres como a mujeres en Medina.

También se lamentan de muchas de las prácticas actuales en el islam, que dicen que vienen de la cultura tribal y no del Corán: los crímenes de honor; los códigos de vestimenta, incluyendo los velos y burkas que cubren todo, excepto los ojos; las violaciones que a menudo resultan en el castigo para la víctima, debido a la regla que requiere de cuatro testigos para acusar al hombre; las restricciones a la habilidad de las mujeres para viajar, y menos derechos para las mujeres en el matrimonio, el divorcio, la situación jurídica y la educación.

La mayoría de los musulmanes dicen que las relaciones de género en el islam se basan en la igualdad religiosa y moral, y en la complementariedad de funciones: el espacio de los hombres es el ámbito público y el espacio de la mujer es el hogar. Admiten que el Corán permite a las esposas rebeldes ser golpeadas (4.34) y que la situación jurídica del testimonio de una mujer equivale a la mitad de la de un hombre.

La situación de la mujer en el islam es compleja. En Irán, los derechos de las mujeres son limitados, sin embargo, hay mujeres legisladoras en el Parlamento, y el 60 por ciento de los estudiantes universitarios son mujeres. Bajo el régimen talibán en Afganistán, las mujeres se vieron obligadas a recluirse, no podían trabajar fuera de casa, no podían recibir educación después de la edad de ocho años, y no podían ver a un médico varón.

6. White también habló a sus estudiantes musulmanes de dos tipos de grandeza. Una se ve en el rey que está sentado sobre un trono alto y

tiene decenas de servidores corriendo alrededor para hacer su voluntad. El otro tipo de grandeza se ve en un estudiante brillante que trabaja duro en la escuela de medicina y se gradúa con la posibilidad de ir a cualquier lugar que quiera. Pero en lugar de seguir a otros titulados superiores a las prácticas lucrativas en los suburbios, va a trabajar entre los pobres de la ciudad. Eso es lo que Dios hizo, en su poder y grandeza, cuando vino a vivir entre los hombres pecadores.

7. El mensaje de perdón y el poder por medio del Espíritu Santo puede ser atractivo para un musulmán que se siente aplastado por las exigencias de la ley. Nadie puede contar con seguridad si llegará al Paraíso, y debido a la debilidad del corazón, es probable sentir desesperación. Para un alma consciente, el mensaje del evangelio que Cristo vino a salvar a los pecadores, no a los justos, y que da poder para vivir una vida justa, sin embargo, puede ser liberador.

8. Al igual que todos nuestros vecinos, nuestros amigos musulmanes deben ser tratados con respeto y amor. Debemos reconocer la verdad religiosa que ya tienen y no asumir que tendrán que tirar todo lo que han creído para venir a Cristo. Si perciben tu respeto por ellos, es posible que, al igual que Cornelio que ya temía a Dios y oraba regularmente a Dios antes que oyera hablar de Jesús (Hechos 10.2), «escuchen todo lo que el Señor te ha mandado a decir» (v. 33).

8

Dos preguntas frecuentes

Dicen que no se debe hablar de política o religión en la mesa con los invitados, pero a veces tus invitados empiezan a hablar de estas cosas de todos modos, y no hay mucho que se pueda hacer. Tal vez antes de leer este libro, te sentías mal preparado para discutir tu propia fe cristiana, o (especialmente) las religiones del mundo. Pero ahora, después de leer este libro, te sentirás mucho más seguro para conversar a un nivel más profundo.

Permíteme tratar de darte un poco más de ayuda antes de que cerremos este pequeño tutorial. Me parece que cuando se trata de los cristianos y otras religiones, hay dos preguntas básicas sobre las que los diferentes tipos de cristianos toman lados opuestos. Ahora bien, hay muchos tipos de cristianos, pero para hablar de las religiones del mundo, voy a reducir los grupos a dos: cristianos liberales y cristianos conservadores. No voy a definir estos términos en detalle, lo que sería otro libro, pero déjenme deciros que cuando se presentan estas dos preguntas acerca de las religiones, estos dos grandes bloques de cristianos tienden a responder en maneras diametralmente opuestas.

Así que aquí están las dos preguntas, cada una dirigida a un grupo diferente. A los cristianos liberales pregunto yo: ¿podemos o debemos tratar de evangelizar a los miembros de otras religiones? A los cristianos conservadores les pregunto, ¿podemos aprender algo de otras religiones?

Por lo general (hay excepciones, por supuesto), los cristianos liberales piensan que deberíamos dialogar con personas de otras religiones, pero descartan cualquier intento de convertirlos. Eso es porque por lo general, los cristianos liberales creen que todas las otras religiones pueden con el tiempo conducir a Dios. En una metáfora que utilizan a menudo, describen a las religiones como simplemente caminos diferentes que van a los lados de la misma montaña, y todos ellos convergen en la parte superior.

Por lo general (hay excepciones, aquí también), los cristianos conservadores piensan que la única razón por la que deberíamos hablar con los miembros de otras religiones acerca de la religión es para tratar de convertirlos. Ellos piensan que estaría bien hacerse amigos de un compañero de trabajo budista, por ejemplo, pero si la conversación lleva a la religión, esta debe conducir a un debate y luego a la conversión. ¿Qué otro método podría usarse, razonan ellos, cuando todo lo relacionado con la religión budista es del diablo? Ese es el caso de todas las religiones excepto el cristianismo y el judaísmo. Todo en las otras religiones es demoníaco. Así, hay dos preguntas y cada una de ellas dirigida a un grupo diferente. A los cristianos liberales les pregunto si podemos o deberíamos tratar de evangelizar a los miembros de otras religiones. Y a los cristianos conservadores les pregunto si podemos aprender algo de otras religiones.

¿Debemos evangelizar a las personas de otras religiones?

Por lo general, los liberales tienen varias objeciones al tratar de evangelizar a los miembros de otras religiones. A menudo, los liberales creen que las personas de otras religiones ya son salvas a su manera, ya que todas las religiones tienen el mismo objetivo: conducir a Dios.

Hay varios problemas con esta creencia, sin embargo. En primer lugar, no es del todo claro que las religiones del mundo comparten el mismo objetivo. Los theravadin budistas no creen en Dios, y por lo tanto no tienen ningún deseo de conocerle. Lo mismo es cierto para los discípulos de Advaita Vedanta (hindúes), que creen que son uno con Brahman. Ellos no creen en un Dios personal y están buscando ya el final de la existencia individual. Estos objetivos están a años luz de lo que los cristianos buscan: la unión como individuos en el amor con las tres personas de la Trinidad. Cada una de estas religiones tiene su propia montaña, y cada cima es muy diferente y lejos de las demás.

Otro problema es que el Nuevo Testamento deja muy claro que la unión con la Trinidad viene solo por medio de Jesucristo. Jesús dijo: «Nadie viene al Padre sino por mí» (Juan 14.6). Pedro declaró: «en ningún otro hay salvación, porque no hay bajo el cielo otro nombre dado a los hombres mediante el cual podamos ser salvos» (Hechos 4.12 NVI). Juan anunció: «Dios nos ha dado la vida eterna, y esta vida está en su Hijo. El que tiene al Hijo, tiene la vida; el que no tiene al Hijo de Dios, no tiene vida» (1 Juan 5.11-12).

En lo que a los apóstoles se refiere, no hay otro Salvador ni otra manera de llegar a Dios, sino a través de Jesús. No hay salvación a través de otras religiones. No hay manera de conocer al verdadero Dios, sino por el conocimiento de Jesucristo. Ninguna otra religión, solo la fe de Jesús y de los apóstoles lleva a una persona al Dios verdadero. Algunos teólogos de la iglesia primitiva pensaban que la gente de otras religiones podría ser salva, pero lo serían a pesar de sus religiones y no debido a ellas. Y sería solo a través de la vida y la muerte de Jesús, y al aceptar el evangelio de la manera y el tiempo que solo Dios lo sabe: en el momento de la muerte o en el milenio, o de alguna otra manera. En otras palabras, ellos tendrían que reconocer que su religión no era el camino para conocer la plenitud de Dios, que solo Jesús lo es. Para seguir ahondando sobre este tema, os refiero a mi libro *God's Rivals* [Los rivales de Dios].[1]

Así que la primera respuesta a esta pregunta es que una persona de otra fe nunca va a llegar al Dios trino a través de su religión, por lo que tenemos que evangelizarla. Ella necesita oír las buenas nuevas de Jesús. Eso solo la conducirá por el camino que le llevará al verdadero Dios.

La segunda respuesta es que el mismo Jesús mandó a todos los que le siguen a «hacer discípulos de todas las naciones» (Mateo 28.19). Este es un mandamiento que se repite varias veces (Marcos 13.10; 16.15; Hechos 1.8).

Algunos cristianos liberales podrían decir: «Sin embargo, algunos no cristianos ya poseen mucho de la verdad». Es cierto. Pero todavía no conocen al Salvador. Conocer parte de la verdad está muy lejos de conocer la Verdad encarnada. Si sabemos que la gente en un pueblo va muriendo poco a poco debido al agua contaminada, la cual, no obstante, les mantiene con vida durante algunos años, no vamos a estar satisfechos de que solo tengan agua y que todavía están vivos. Procuraremos conseguir el agua pura para detener la mortandad. Lo mismo ocurre con la religión. Nosotros queremos que todos, incluso aquellos que tienen un poco de agua, puedan obtener el Agua pura de la Vida que trae la plenitud en esta vida y la salvación en la venidera. Lidia en Filipos ya estaba adorando a Dios, pero Pablo se aseguró que escuchara y aceptara el Evangelio para que pudiera conocer al verdadero Dios en toda su plenitud: Jesucristo (Hechos 16.14).

Ahora, por evangelización no me refiero a hacer proselitismo, que a menudo es coercitivo, grosero e insensible. No, la verdadera evangelización es cuando nos tomamos el tiempo para hacer una amistad duradera, escuchar la perspectiva de nuestro amigo, ofrecer una ayuda amable donde más se necesita, y con humildad y respeto, compartir el evangelio, cuando el Espíritu abra la puerta, no antes. Digo «con humildad» porque sabemos que tenemos la verdad en Jesús, pero reconocemos que lo vemos solo en parte y lo seguimos en una manera imperfecta. Tener a Jesús no es lo mismo que conocerlo en su totalidad o seguirlo completamente. Digo «con respeto», porque debemos hablar con nuestro amigo no cristiano después de haber estudiado su religión, visto lo que hay de cierto, y tratar de representarla de manera imparcial. Por supuesto, cada verdad en otras religiones (como la idea de que existe un Dios que es personal) podrá ser esencialmente diferente de la versión cristiana que está centrada en Jesucristo. Pero podrá haber algo de verdad, aunque sea parcial.

¿Podemos aprender de otras religiones?

La tendencia del cristiano conservador es pensar que todas las religiones son demoníacas y por lo tanto no pueden ofrecer nada de valor. Por lo tanto muchos conservadores ven poco o ningún uso en el diálogo con personas de otras religiones, excepto para el propósito de evangelizarlos. Si las otras religiones son completamente inferiores, no podrán tener algo de verdad. Entonces, ¿cuál es el punto de dialogar, a menos que estemos tratando de convencerlos de que la única verdad se encuentra en el cristianismo?

El problema con este punto de vista es que no tiene apoyo en la Biblia. Miremos al apóstol Pablo, por ejemplo, que fue el principal evangelista y misionero del Nuevo Testamento. Les dijo a los paganos en Atenas (Hechos 17) que sus propios poetas tenían verdad, y habían tenido alguna conexión, aunque remota, con Dios. En otras palabras, los paganos de Atenas, a la vez que estaban sumidos en la ignorancia religiosa, sin embargo, buscaban a tientas al mismo Dios que Pablo sabía que era el Padre de Jesucristo. Él les dice: «Pues bien, eso que ustedes adoran como algo desconocido es lo que yo les anuncio» (17.23 NVI). Es decir, sus ideas acerca de Dios eran casi todas malas, pero el objeto de su adoración equivocada seguía siendo el mismo Dios que se había revelado a Pablo como el Dios vivo y verdadero.

Pablo citó a algunos de sus propios poetas: «puesto que en él vivimos, nos movemos y existimos. Como algunos de sus propios poetas griegos han dicho: «De él somos descendientes» (v. 28 NVI).

Pablo estaba probablemente citando a Epiménides (siglo VI A.C.) y Arato (siglo IV A.C.). Lo sorprendente aquí es que Pablo, que al parecer creía que la religión griega era completamente ignorante del verdadero Dios, concede en un sermón —¡donde destaca la ignorancia religiosa griega!— que las religiones tenían *algún* acceso a *algunas* nociones verdaderas del Dios viviente.

Algunos conservadores podrían objetar y preguntar: «¿Estás diciendo que estos paganos son salvos sólo porque tienen verdad religiosa?». Mi respuesta es: «No, en absoluto». La Biblia está llena de gente ajena al reino de Dios, que sin embargo tienen partes de la verdad de Dios. Piensa en Balaam, el profeta pagano que finalmente llevó a Israel a la inmoralidad y la idolatría (Apocalipsis 2.14). Sin embargo, el Espíritu Santo lo usó para profetizar la verdad sobre el futuro de Israel (Números 24). El rey egipcio Necao fue otro. Nunca se destacó por la virtud moral o religiosa, sin embargo, la Biblia dice que Dios habló a través de Necao y se indignó de que Josías no escuchara la palabra de Dios que vino a través de este rey pagano (2 Crónicas 35.20–27).

Ahora eso no quiere decir que los cristianos pueden aprender algo de las religiones no cristianas, que contradigan las verdades transmitidas por la iglesia ortodoxa histórica, o de que vayamos a aprender algo nuevo que no esté ya contenido en las Sagradas Escrituras. Pero sí quiere decir que podemos ver algo en la Biblia que nunca habíamos visto antes, o por lo menos que podemos verlo de una manera diferente.

Esto ha sucedido muchas veces en la historia de la iglesia. Uno de los primeros casos fue en los debates de los siglos segundo al cuarto sobre la relación de Jesús con el Padre y con el Espíritu. Fue solo mediante el uso de conceptos y categorías de la filosofía griega, que era una religión propia, que la iglesia primitiva fue capaz de formular la doctrina de la Trinidad. La materia prima de la doctrina ya estaba en la Biblia, pero fue mediante el aprendizaje de otro sistema religioso filosófico que esa materia prima se pudo entender de una manera sistemática.

También podemos aprender de la gente de otras religiones. Recuerdo a Khaled, a quien conocí en Jerusalén en una conferencia de judíos, musulmanes y cristianos para hablar de la paz y la tierra de Israel. No estuvimos de acuerdo en muchos casos, avanzamos un poco, y se forjaron algunas amistades. Khaled Abu Ras, profesor árabe de Nazaret, lucía muy valiente a sus veintiséis años de edad aunque parecía diez años mayor. En el 2001, él y otros diez musulmanes fundaron la Asociación de Ayuda a la Tradición Profética, un intento musulmán moderado para oponerse a la militancia y el extremismo musulmán. Como un rabino, que estaba familiarizado con el grupo, lo dijo al *Jerusalem Post*, este esfuerzo por parte de los musulmanes moderados de hablar públicamente en contra de los extremistas musulmanes es «muy impresionante, muy valiente y muy peligroso». Cuando le pregunté a Khaled si tenía miedo, él respondió con una sonrisa: «Cada uno de nosotros va a morir en el momento que Dios decida, no un día antes». Me alegré de ver que todavía estaba vivo en la primavera del 2007.

La valentía de este hombre de otra religión me ha inspirado a tratar de ser más valiente en mi vida cristiana. Cuando pienso en cómo me voy a atrever a hacer públicos los argumentos, que sé que van a ser criticados, recuerdo a Khaled y su disposición *a morir* por el bien de la verdad que profesa públicamente, a causa de su fe en Alá. Lo peor que alguna vez puedo sufrir es el desprecio público, pero Khaled se enfrenta a la posibilidad de la muerte. Yo no comparto su fe en Alá, pero su valor inspira mi fe en Jesús para ir más profundo.

También podemos aprender de otras *prácticas* religiosas. En la introducción a este libro, hablé sobre el perdón del Dalai Lama a los chinos por asesinar a su pueblo tibetano. Nosotros, los cristianos vemos el perdón a través del prisma de Jesús perdonando a sus verdugos, que es diferente de la razón de los tibetanos budistas para perdonar. Pero esta práctica del perdón puede motivarnos a mirar más de cerca nuestro deber cristiano para perdonar a nuestros enemigos.

Luego está la práctica musulmana de orar cinco veces al día, y esta oración es sobre todo de alabanza, no para pedir cosas. No hay nada malo en pedir cosas, ya que en la oración del Señor se nos enseña a hacerlo, pero con demasiada frecuencia pasamos muy poco tiempo en la alabanza, para no hablar del muy poco tiempo del período de oración. Podemos aprender de los musulmanes la importancia de tener horas fijas para la oración, en lugar de confiar en nuestro propio sentido voluble cuando tenemos tiempo y ganas de orar.

Una última palabra

Permítanme concluir con una última palabra sobre nuestras relaciones con los hombres y mujeres de otras religiones. Pablo dijo que nuestra verdadera batalla no es contra sangre y carne, sino «contra fuerzas espirituales malignas en las regiones celestiales» (Efesios 6.12 NVI). Eso significa que debemos tener cuidado de mirar a la gente de otras religiones como nuestros enemigos. Nuestros enemigos reales —además del pecado, la carne y el diablo— son los soldados del diablo a los que la Biblia llama «poderes y potestades». Estos son seres espirituales que luchan contra el reino de Dios y a veces usan otras religiones para enmascarar sus propios planes. También hacen la guerra dentro de la iglesia, a veces enfrentando a los discípulos cristianos entre sí.

Esto significa que nuestro testimonio como cristianos a los miembros de otras religiones debe incluir una conversación paciente, no el argumento hostil, una disposición a escuchar y ofrecer amistad antes de cualquier intento por persuadir. (Puede haber excepciones, como cuando hay un foro público en el que el cristianismo está siendo tergiversado, y tenemos que hablar antes de que tengamos la oportunidad de hacer amigos.) Esto significa testimoniar con bondad a otros que creen sinceramente que tienen la verdad. Podemos creer que han sido engañados por las fuerzas espirituales, pero también tenemos que ser humildes en nuestra participación, reconociendo que, aunque la verdad nos ha agarrado, no la sabemos en su totalidad ni la vivimos (por lo general) bien.

Notas

Introducción

1. David B. Barrett y Todd M. Johnson, *International Bulletin of Missionary Research* 31:1 (enero 2007), p. 32.
2. Peter Berger, «Epistemological Modesty: An Interview with Peter Berger», *Christian Century* (29 octubre 1997), pp. 972–78.

Capítulo 1: Hinduismos

1. Históricamente, el budismo comenzó en lo que ahora es Nepal, que queda cerca de la India, y se desarrolló en y alrededor de la India en sus primeros siglos. Ver el capítulo 3 para una introducción al budismo.

Capítulo 2: Judaísmo

1. Y por supuesto, los primeros cristianos fueron judíos.
2. Milton Steinberg, *Basic Judaism* (Nueva York: Harcourt, Brace, 1947).
3. Jacob Neusner, *Un rabino habla con Jesús* (Madrid: Encuentro, 2008).

Capítulo 3: Budismo

1. Dalai Lama y Howard C. Cutler, *El arte de la felicidad* (Skokie: Distribooks, 2002).
2. C. S. Lewis, *The Abolition of Man* (Londres: Oxford UP, 1943) [*La abolición del hombre* (Santiago de Chile: Andrés Bello, 2001)].
3. «Shinran's Confession» en *Buddhism, a Religion of Infinite Compassion: Selections from Buddhist Literature*, ed. Clarence H. Hamilton (Nueva York: Liberal Arts Press, 1952), pp. 141–42.

Capítulo 4: Confucianismo y daoísmo

1. *CIA World Factbook.*
2. Thomas Merton, *The Way of Chuang Tzu 31; Taote Ching 72; Chuang Tzu 18.1; Chuang Tzu 24.12* [*El camino de Chuang Tzu 31; Taote Ching 72; Chuang Tzu 18.1; Chuang Tzu 24.12* (Barcelona: Debate, 1999)].
3. Citado en Hans Kung y Julia Ching, *Christianity and Chinese Religions* (Nueva York: Doubleday, 1989), p. 141.

Capítulo 5: Cristianismo

1. Ver K. S. Latourette, *A History of Christianity* (Nueva York: Harper, 1953), pp. 104–108.

Capítulo 7: Islam

1. *Mapping the Global Muslim Population: A Report on the Size and Distribution of the World's Muslim Population.* Pew Research Center. Octubre 2009.
2. *Qur'an 2:190; 2:256; 60:8.*
3. Malik's *Muwatta,' Kitab al-Jihad.*
4. Jeffrey Goldberg, «Inside Jihad U: The Education of a Holy Warrior», *New York Times Magazine* (25 junio 2000), p. 25.

Capítulo 8: Dos preguntas frecuentes

1. Gerald R. McDermott, *God's Rivals: Why Has God Allowed Different Religions? Insights from the Bible and the Early Church* (Downers Grove, IL: InterVarsity, 2007).

Glosario

advaita Vedanta: lit., el [sistema] «no dual [basado en] el fin de los Vedas». Enseña el camino hacia el conocimiento *moksha*.

agnóstico: de la palabra griega «no conozco»; una persona que no conoce si hay un dios.

ahimsa: no lesión, el centro de la versión de Ghandi del hinduismo.

ascetismo: privarse uno mismo de los placeres de la carne: buena comida y bebidas, una cama blanda, las comodidades de la vida familiar.

ateo: alguien que dice: «Yo sé que no hay dios».

atman: palabra hindú para el ser humano o el alma.

avatar: un dios que es la encarnación de un dios supremo hindú como Visnú; el avatar más popular es Krishna.

bar mitzvah: ceremonia judía de mayoría de edad para los niños a la edad de trece años; las niñas pasan por un bat mitzvah a los doce años.

bhakti: la devoción (el amor y la entrega) a un dios personal hindú; una de las cuatro formas hindúes hacia el *moksha*.

bodhisattva: un ser en el camino a la budeidad, que regresa en el mundo del tiempo para rescatar a otros; concepto clave para el budismo *Mahayana*.

Brahma: el creador dios hindú, el primero de la «trinidad hindú».

brahman: la palabra hindú para la esencia impersonal y el espíritu del cosmos, que nunca cambia y es uno con todo lo que es, de hecho todo *es* Brahman.

brahmin: la casta más alta del hinduismo.

cábala: tradición mística en el judaísmo que enseña que el mundo se formó a partir de emanaciones de Dios que se convierten en el mundo.

califa: uno de los primeros líderes del islam después del Profeta.

Chanukah: ver Janucá.

ch'i: una de las sustancias fundamentales del cosmos que da vida y vitalidad según gran parte del pensamiento chino.

chiítas: musulmes de la rama Chi'a, que se encuentran mayormente en Irán y en la parte sur de Irak, quienes creen que Alí fue elegido como el primer *califa* (líder).

Corán: la escritura islámica que los musulmanes creen que ha sido revelada literalmente a Mahoma por el ángel Gabriel.

dao: lit., el camino; usado por Confucio para el camino recto de la vida y por los daoístas para el principio invisible que conduce el cosmos (anteriormente deletreado como Tao).

encarnación: lit., «en la carne»; se refiere a un dios que llega en forma humana; solo los cristianos pueden señalar a una encarnación en la historia conocida.

gnosticismo: de la palabra griega «conocimiento»; una antigua herejía cristiana que enseñaba la salvación por medio de conocimiento especial en lugar de por la cruz y la resurrección de Jesús.

gñana: lit., «conocimiento»; uno de los cuatro caminos al *moksha* en las religiones hindúes.

Hadit: colección de volúmes de los dichos y hechos de Mahoma; la base de la *ley Sharia*.

Hanucá: festival judío de las luces en diciembre para celebrar la toma del templo por lo macabeos de los sirio-griegos en el año 142 A.C.

hasidismo: movimiento pietista ortodoxo en el judaísmo enfatizando el «rebe» o líder místico.

ijtihad: pensamiento independiente basado en *el Corán* y la ley islámica.

imán: líder musulmán que guía la oración.

jen: palabra confucionista china para «benevolencia».

judaísmo conservador: una rama del judaísmo americano de hoy, teológicamente similar al *Reformado*, pero más tradicional en su liturgia.

judaísmo reformado: el movimiento más liberal de los tres principales en el judaísmo americano; los otros son los *conservadores* y los *ortodoxos*.

kami: la palabra japonesa para divinidades de la naturaleza, nación y localidades; algunas deidades son emperadores deificados y héroes.

karma: lit., «hechos»; acciones humanas, buenas y malas, que son recompensadas y castigadas por una ley impersonal del cosmos.

Koran: ver Corán.

kosher: reglas judías para los alimentos.

logos: Antigua palabra estoica para el principio organizador del cosmos.

mahayana: la escuela más grande de enseñanza budista; algunos creen en dioses personales llamados budas y *bodhisattwas*.

maya: «ilusión» en sánscrito.

moksha: lit., «liberación» de *samsara*, la meta de casi todas las religiones hindúes.

misticismo: experimentar a Dios o la divinidad directamente en lugar de solo oírlo o aprender o pensar acerca de las cosas divinas.

neoplatonismo: el sistema filosófico de Plotino y sus seguidores que influyó en Agustín, Jonathan Edwards, y muchos otros teólogos cristianos y que enfatizaba la emanación de Dios y que luego regresaba a través del arrepentimiento y la contemplación, además de la idea de que los pensamientos de Dios son las sustancias reales detrás de las «sombras» de la materia.

nirvana: la «extinción» del deseo que buscan los budistas; un estado de no seres, no conciencia, no deseo.

ortodoxo: lit., «creencia correcta»; usada por (1) el grupo más conservador del judaísmo americano; (2) la tradición teológica y ética cristiana de las denominaciones principales, y (3) la rama del cristianismo mejor conocida como Ortodoxa Oriental.

panteísmo: lit., «todo es Dios»; la idea de que Dios y el mundo son uno y la misma cosa.

Pascua: fiesta semanal judía en la primavera [hemisferio norte] para señalar el éxodo de Egipto.
piedad filial: eje central de la ética confuciana que enseña a los hijos a reverenciar a sus padres.
prasada: palabra hindú para la gracia (que viene) de un dios.

Ramadán: el mes de ayuno para los musulmanes para conmemorar el tiempo en que Mahoma recibió sus primeras revelaciones; puesto que el calendario de los musulmanes es lunar, rota a través de los meses de año en año.
reformada: tradición teológica en el cristianismo que deriva de Juan Calvino y sus puntos de vista, y que enfatiza la santificación y la soberanía de Dios; mejor conocido por su creencia en la predestinación.
Rosh hashaná: Año Nuevo judío.

samsara: el ciclo sin fin de la vida, la muerte y el renacimiento; a menudo llamado reencarnación por los occidentales.
sanniasi[n]: hombre santo hindú que vive una vida de *ascetismo* y meditación, que busca la iluminación.
satori: iluminación en el budismo *Zen*.
sharia: ley islámica.
sionismo: el movimiento judío principalmente secular del siglo diecinueve para crear un territorio propio y que buscaba detener el creciente antisemitismo.
sufis: místicos islámicos, se encuentran tanto entre los suníes como los chiítas.
suníes: el grupo más grande de los musulmanes (ochenta y cinco por ciento), que creen que la revelación cesó con el *Corán* y que la autoridad se le dio hace mucho tiempo a estudiosos religiosos islámicos.
Sura: capítulo en el *Corán*.

Talmud: una gran colección de comentarios sobre la *Torá* y sus tradiciones.
Tanáj: palabra judía para lo que los cristianos conocen como el Antiguo Testamento.
teísmo: creencia en un dios persona (un ser con mente, voluntad y emociones).
Theravada: la escuela budista más cercana a las enseñanzas originales de Buda que no cree en seres celestiales o en un dios, mayormente en el sudeste de Asia.
Torá: palabra hebrea para «enseñanza»; se refiere tanto al Pentateuco (primeros cinco libros de la Biblia) como a la enseñanza judía en general.

ulamas: estudiosos islámicos que alcanzaron el consenso en lo que es verdadero y correcto, basando su entendimiento en el *Corán* y el *Hadit*.

Vedas: las escrituras hindúes, que ocupan muchísimos volúmenes.

wu-wei: lit., «no haciendo»; el término en el daoísmo para ir en la corriente del *Dao* cósmico.

yang: el principio activo, cálido y luminoso del cosmos, según los daoístas.
yihad: lit., «lucha»; la lucha más grande es contra el pecado en el alma, mientras que la yihad menor es lucha armada contra los enemigos del islam.
yin: el principio estático, frío y oscuro del cosmos, según los daoístas.
yoga: el camino a la meditación; se refiere tanto al sistema particular desarrollado por Pantanjali como a cualquier programa sistemático de meditación.
Yom Kippur: día judío de la expiación, en septiembre u octubre.
zen: escuela del budismo que enfatiza la experiencia directa.

Bibliografía y recursos adicionales

Capítulo 1: Hinduismos

Stephen Huyler. *Meeting God: Elements of Hindu Devotion.* New Haven, CT: Yale UP, 1999.

R. C. Zaehner, ed. *The Bhagavad Gita.* Londres: Oxford UP, 1973

Capítulo 2: Judaísmo

Thomas Cahill, *The Gifts of the Jews: How a Tribe of Desert Nomads Changed the Way Everyone Thinks and Feels.* Nueva York: Doubleday, 1998 [*Los dones de los judíos: cómo una tribu de nómadas cambió la manera en que cada uno piensa y siente.* Catano: Norma, 1999].

Milton Steinberg, *Basic Judaism.* San Diego: Harvest Books, 1975.

Capítulo 3: Budismo

Thomas Cleary, ed. y trad. *Dhammapada: The Sayings of the Buddha.* Nueva York: Bantam, 1995 [*Dhammapada: de Buda.* Barcelona: Debate, 1999].

Thomas Merton. *Zen and the Birds of Appetite.* Boston: Shambhala, 1993 [*Zen y los pájaros del deseo.* Barcelona: Kairos, 2010].

Donald W. Mitchell. *Buddhism: Introducing the Buddhist Experience.* Nueva York: Oxford UP, 1992.

Capítulo 4: Confucianismo y daoísmo

Thomas Cleary, ed. y trad. *The Essential Tao.* San Francisco: Harper-San-Francisco, 1991 [*El tao esencial.* Barcelona: Planeta, 1995].

Hans Kung y Julia Ching. *Christianity and Chinese Religions.* Nueva York: Doubleday, 1989.

Thomas Merton. *The Way of Chuang Tzu.* Boston: Shambhala, 1992 [*El camino de Chuang Tzu.* Barcelona: Debate, 1999].

Capítulo 5: Cristianismo

Philip Jenkins. *The New Faces of Christianity: Believing the Bible in the Global South.* Londres: Oxford UP, 2006.

C. S. Lewis. *Mere Christianity.* San Fransisco: Harper-One, 2001 [*Mero cristianismo.* Nueva York: Rayo, 2006].

N. T. Wright. *Simply Christian.* San Francisco: HarperSanFrancisco: 2006 [*Simplemente cristiano.* Miami: Vida, 2012].

Capítulo 6: Sintoísmo

Peter B. Clarke y Jeffrey Somers, eds. *Japanese New Religions in the West.* Londres: RoutledgeCurzon, 1994.

Sokyo Ono y William Woodward. *Shinto: The Kami Way.* North Clarendon, VT: Tuttle, 2004.

Capítulo 7: Islam

Daniel Brown. *A New Introduction to Islam.* Malden, MA: Blackwell, 2004.

Thomas Cleary, ed. y trad. *The Essential Koran.* San Francisco: HarperSanFrancisco, 1993 [*La esencia del Corán.* Madrid: EDAF, 2001].

Mateen Elass. *Understanding the Koran: A Quick Christian guide to the Muslim Holy Book.* Grand Rapids: Zondervan, 2004 [*Comprenda el Corán: una guía rápida cristiana al libro santo musulmán.* Miami: Unilit, 2007].

Acerca del autor

Gerald R. McDermott es profesor de religión de la cátedra Jordan-Trexler en el Roanoke College de Salem, Virginia, y es Profesor Distinguido en el Instituto Baylor de Estudios de la Religión. Es autor y editor de varios libros sobre la relación entre el cristianismo y otras religiones y de libros sobre Jonathan Edwards, teólogo del siglo XVIII. Es sacerdote episcopal, y se desempeña como pastor y maestro en la St. John Lutheran Church (ELCA) en Roanoke, Virginia.